INHALT

> **SZENE**

S. 12–15: Trends, Entdeckungen, Hotspots! Was wann wo in Mailand los ist, verrät die MARCO POLO Szeneautorin vor Ort

> **24 STUNDEN**

S. 100/101: Action pur und einmalige Erlebnisse in 24 Stunden! MARCO POLO hat für Sie einen außergewöhnlichen Tag in Mailand zusammengestellt

> **LOW BUDGET**

Viel erleben für wenig Geld! Wo Sie zu kleinen Preisen etwas Besonderes genießen und tolle Schnäppchen machen können:

Sightseeingtour per Tram für 3 Euro S. 37 | Günstige Mittagsmenüs S. 53 | Armani, Prada & Co. für die Hälfte S. 63 | Satt werden zum Aperitifpreis S. 68 | Ein Bett für 15 Euro S. 75 | Für knapp 15 Euro an den Gardasee und zurück S. 80

> **GUT ZU WISSEN**

Leonardo in Mailand S. 28 | Gourmettempel S. 50 | Spezialitäten S. 54 | Chinatown all'italiana S. 60 | Luxushotels S. 74 | Blogs & Podcasts S. 86 | www.marcopolo.de S. 108 | Was kostet wie viel? S. 109 | Wetter in Mailand S. 110 | Bücher & Filme S. 112

AUF DEM TITEL

Quadrilatero: Shopping der Extraklasse S. 30/56 Chillout im Parco Sempione S. 37

ENTDECKEN SIE MAILAND!

Unsere Top 15 führen Sie an die traumhaftesten Orte und zu den spannendsten Sehenswürdigkeiten

Die Highlights sind in der Karte auf dem hinteren Umschlag eingetragen

 Stadio Giuseppe Meazza
Das San-Siro-Stadion: die Scala des italienischen Fußballs (Seite 18)

Dom Santa Maria Nascente
Das Symbol der Stadt mit einer 600 Jahre langen Baugeschichte (Seite 26)

Galleria Vittorio Emanuele II
Die gute Stube Mailands, ein Platz zum Sehen und Gesehenwerden, zum Kaufen und Genießen (Seite 31)

 Museo Poldi-Pezzoli
Ein Privatmuseum, in dem man sich so wohlfühlt, als sei man eben zum Tee gebeten worden (Seite 31)

 Castello Sforzesco
Eine Burg, ein Museum, eine Schau (Seite 35)

 Pinacoteca di Brera
Ein Bilderparadies, wie es in Norditalien kein zweites gibt (Seite 37)

 Cenacolo Vinciano („Abendmahl")
Um Leonardos Meisterwerk zu sehen, das in die Geschichte der Kunst einschlug wie die Breitwand in die des Kinos, müssen Sie sich vorher anmelden (Seite 39)

 Sant'Ambrogio
Ein faszinierender Zugang zur Geschichte des frühen Christentums (Seite 41)

MARCO ⊕ POLO

MAILAND
LOMBARDEI

> Mailand ist die Stadt der Kreativen und der Banker. Und ob im Maßanzug oder in Turnschuhen – Stil hat die Stadt wie keine zweite.
> *MARCO POLO Korrespondent Florian Eder*
> (siehe S. 138)

Das passt:
Der MARCO POLO Sprachführer Italienisch

Weitere MARCO POLO Titel:
Oberitalienische Seen, Gardasee, Südtirol, Venetien/Friaul, Emilia-Romagna, Ligurien/Cinque Terre, Piemont/Turin, Italien-Nord

Spezielle News, Lesermeinungen und Angebote zu Mailand:
www.marcopolo.de/mailand

MAILAND

Palazzo
di Brera

Duomo

Universitá
Cattólica

Viale G. Galeazzo

> SYMBOLE

MARCO POLO
INSIDER-TIPPS
Von unseren Autoren
für Sie entdeckt

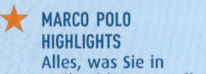

MARCO POLO
HIGHLIGHTS
Alles, was Sie in
Mailand kennen sollten

☀ SCHÖNE AUSSICHT

🛜 WLAN-HOTSPOT

▶▶ HIER TRIFFT SICH
DIE SZENE

> PREISKATEGORIEN

HOTELS
€€€   über 200 Euro
€€   130–200 Euro
€   unter 130 Euro
Die Preise beziehen sich
auf ein Doppelzimmer mit
Frühstück

RESTAURANTS
€€€   über 30 Euro
€€   15–30 Euro
€   unter 15 Euro
Die Preise beziehen sich auf
ein Hauptgericht mit Beilage
ohne Getränke

> KARTEN

[120 A1] Seitenzahlen und
Koordinaten für den
Cityatlas Mailand und
die Lombardeikarte
auf Seite 130/131
[0]   außerhalb des
Kartenausschnitts

Einen Metroplan finden Sie
im hinteren Umschlag.
Zu Ihrer Orientierung sind
auch die Objekte mit
Koordinaten versehen,
die nicht im Cityatlas
eingetragen sind

>DIE BESTEN MARCO POLO HIGHLIGHTS

 Risotto milanese
Ein Erlebnis für den Gaumen – wer es sich leisten kann, lässt es sich bei Cracco Peck zubereiten (Seite 54)

 Quadrilatero della Moda
Die weltgrößte Dichte an exklusiver Mode in einem Straßenviereck (Seite 56)

 Mercatone del Naviglio Grande
Historische Kanäle, ein lebendiges Kneipenviertel und ein großer Markt für Trödel, Kunsthandwerk und Antiquitäten (Seite 62)

 Teatro alla Scala
Die Bühne von Rossini und Verdi, von Caruso und der Callas – ein Opernhaus von Weltruf (Seite 68)

 Piccolo Teatro
Von Giorgio Strehler gegründet, ist das „Kleine Theater" heute vielmehr eines der ganz großen europäischen Theater (Seite 69)

 Bergamo
Erlebte Urbanität und spürbare Geschichte im grünen Alpenvorland: Mit der Seilbahn geht es hinauf in die venezianisch geprägte alte Oberstadt (Seite 78)

 Mantua
Die Hauptstadt des norditalienischen Küchen- und Kunstgeschmacks in der Poebene: das berühmte Hochzeitszimmer im Palazzo Ducale und die italienweit gerühmten mantuanischen Spezialitäten (Seite 85)

WAS FÜR EINE STADT!

Teatro alla Scala, Mailands Opernhaus

> Mailand hat Klasse: Die Stadt hat eines der besten Opernhäuser der Welt, einzigartige Museen, ein paar Straßenzüge mit der höchsten Dichte an Designerläden. In Mailand erleben Sie das „andere" Italien, ein pulsierendes Italien des 21. Jhs. Milano ist die Stadt der Kreativen und der Banker. Und ob im Maßanzug oder in Turnschuhen – Stil hat die Stadt wie keine zweite. Man muss sich nur auf sie einlassen: Trinken Sie Ihren Aperitif in einer der schönen Bars, steigen Sie aufs Dach des Doms, streifen Sie zu Fuß durchs Zentrum – Sie werden angetan sein. Wenn nicht begeistert!

> Es gibt Tage, die strahlen vor Vergnügen. Wenn sich dann der gläserne Fahrstuhl aus dem Grün des Parco Sempione erhebt, man einen ersten Blick von oben in das sonnenbeschienene Castello Sforzesco werfen kann, langsam dahinter marmorglänzend der Dom mit der goldenen Madonnina sichtbar wird, warme Luft in südlicher Ferne die Apenninhügel flirrend umspielt, während sich in der Gegenrichtung hinter dem Arco della Pace, im Norden, der majestätische Alpenkranz vom wolkenlos blauen Himmel absetzt, dann möchte man oben auf der Torre Branca diese Stadt umarmen.

Aber es kommt auch vor, dass ein bleigrauer Himmel über den Dächern lastet, sich Smogschlieren auf die Fenster legen, die Luft im Hals kratzt und die Menschen den Mantelkragen wie Scheuklappen aufgerichtet haben. Dann will man nur noch weg. Nach Genua ans Meer, eine gute Stunde mit dem Auto, oder in die Berge, auf den Monte Generoso gleich hinter der Schweizer Grenze, wo man den Kopf aus den giftigen Wolken stecken

kann. Mailand, sagt der Schriftsteller Andrea De Carlo, ist eine ideale Stadt, weil man so schnell woanders sein kann: in Genf oder Zürich, in Nizza oder Venedig.

> *Lokale Tradition und globaler Handelsplatz*

Es war wohl auch diese günstige Lage zwischen Bergen und Meer, die im 4. Jh. v. Chr. zur Gründung einer Stadt „met e leun", inmitten der Ebene, durch die Kelten geführt hat. Inmitten der Ebene, am Kreuzpunkt von Wegen, auf denen Waren und Ideen transportiert wurden: Diese Lage hat oft genug auch Appetit bei fremden Mächten geweckt, die von allen Seiten kamen, um sich diesen reichen Stadtbrocken einzuverleiben. Heute ist Mailand mit rund 9 Mio. Gästen pro Jahr nach Rom die meistbesuchte Stadt Italiens. Fast zwei Drittel dieser Besucher geben geschäftliche Gründe für ihren Besuch

Die Nadel-und-Faden-Skulptur auf dem Piazzale Cadorna versinnbildlicht die Modestadt Mailand

an. Das hat leider Auswirkungen auf die Preise in Restaurants, Hotels und Geschäften.

Gegensätze prägen die Stadt, in der man großartige Zeugen romanischer Kirchenbauten besichtigen kann und die zugleich von der Zweckarchitektur einer Handelsmetropole bestimmt scheint, in der es alle Leute immer eilig haben und in der dennoch Kreativität Trumpf ist. Mit Paris und New York ist Mailand eine weltbestimmende Hauptstadt der Mode, was man etwa im Quadrilatero della Moda, im Modeviertel hinter dem Dom, erleben kann. Auch wer neueste Tendenzen im Design von Industrieformen bis zu Alltagsgegenständen sucht, wird sie hier, wo sie erdacht werden, finden. Die Scala, das Piccolo Teatro und die Pinakotheken Brera oder Ambrosiana sind Aushängeschilder für die führende Rolle der Stadt auf dem Sektor der schönen Künste – vor allem, weil in ihr Kultur auf großen und kleinen Bühnen, in

Studios, bei Medienbetrieben und Verlagen entsteht und nicht nur museal verwaltet wird. Auch Phänomene der Massenkultur von der Werbung bis zum Fußball (Inter! Milan!) sind hier zu Hause. Technologie und Forschung haben sich Mailand mit seinen sieben Universitäten und unzähligen Fachinstituten längst zur Hauptstadt gewählt. In den Clubs und Musikcafés swingt, klingt und tanzt es das ganze Jahr über wie in den Diskos von Rimini zur Hochsaison. Nur etwas schicker, weniger provinziell – und viel teurer.

> *Genau hinschauen: die Grundformel für diese Stadt*

Sogar der politische Populismus eines Silvio Berlusconi und seiner Partei Popolo della Libertà hat in dieser Metropole eine Hochburg (und bestimmt die Stadtpolitik). Aber zugleich ist von hier aus Anfang der Neunzigerjahre unter dem Schlagwort „Mani pulite" („saubere Hände") die Justizkampagne gegen Korruption und illegale Parteienfinanzierung in Gang gekommen, in deren Tradition sich heute eine ganze Palette von Protestgruppen zu einer neuen Bürgerrechtsbewegung zusammengefunden hat.

Mailand ist keine einfache Stadt, und das nicht nur in klimatischer Hinsicht (schwüle Sommer, nasskalte Winter). Sie ist laut bis in die späte Nacht, und doch gibt es verträumte Winkel mitten im Zentrum wie den kleinen Park in der Via Giardini oder Bramantes Kreuzgang von Santa Maria delle

Grazie. Sie ist schnell und geschäftstüchtig bis zur Schmerzgrenze, und doch sagt man ihr ein großes Herz nach, das zum Beispiel kranke ältere und schwache jüngere Menschen nicht ausschließt, wie die vielen Freiwilligenorganisationen zeigen. Sie ist anspruchsvoll bis zur Arroganz – und bietet zugleich Neuankömmlingen und Quereinsteigern Wege zum Erfolg. Sie hält mit ihrer Kirche Sant'Ambrogio auf lokale Traditionen und gibt sich zugleich als globaler Handelsplatz weltoffen. Der angestammte Dialekt ist hier ebenso zu Hause, wie es fremde Sprachen sind. Chinesen leben an der Via Paolo Sarpi, Afrikaner bei der Porta Venezia, Englisch ist längst die Lingua franca der Finanzmetropole, und auch rund 20 000 Deutsch Sprechende wohnen und arbeiten in und um Mailand herum.

> **Hier entstehen die neuesten Tendenzen im Design**

Noch immer gilt die Stadt als das Industriezentrum Italiens. Das ist jedoch lange her, wie die stillgelegten Fabriken bei der Via Procaccini zeigen, in die gerade Kulturinstitutionen und Kommunikationszentren wie die Fabbrica al Vapore einziehen. Eine neue Universität, mehrere Forschungseinrichtungen und sogar ein Musiktheater, das Teatro degli Arcimboldi, haben das ehemalige Werksgelände der Reifenfirma Pirelli im Viertel Bicocca umgekrempelt. In der Innenstadt entstehen neue, vielgeschossige Verwaltungszentren, u. a. die Città della Moda beim Garibaldi-

Bahnhof. Und auf dem früheren Messegelände der Fiera werden berühmte Architekten wie Daniel Libeskind und Zaha Hadid bis 2014 drei 240-m-Hochhäuser bauen, während die Fiera, die Messe, an den westlichen Stadtrand nach Rho zieht, wo 2005 das größte Messegelände Europas nach Plänen von Massimiliano Fuksas eingeweiht wurde. Mailand ist dabei, seine Skyline radikal zu verändern. Dazu gehören auch die vielen Kulturbaustellen wie neue Museen oder die Europäische Bibliothek für Information und Kultur (BEIC) auf dem ehemaligen Gelände der Stazione Vittoria.

Die Stadt zeigt sich dynamisch wie lange nicht mehr und unterstreicht mit vielen Firmensitzen und Dienstleistungsbetrieben ihre führende Rolle als Wirtschafts- und Finanzzentrum Italiens. In der Stadt werden 25 Prozent des italienischen Steueraufkommens erwirtschaftet. Hier leben rund 1,3 Mio. Menschen, im Umland, das längst mit Mailand zu einer einzigen Metropole verschmolzen ist, wohnen fast 5 Mio. 800 000 Menschen pendeln jeden Tag in die Stadt – da kann die Parkplatzsuche zum Abenteuer werden.

> **Ein kleines, gut zu erlaufendes Zentrum**

Genau hinschauen: Das ist die Grundformel für diese Stadt, die von Leonardo da Vinci ebenso geprägt wurde wie von Giuseppe Verdi. Der große Komponist war zudem eine Leitfigur für die italienische Einheitsbewegung

> *www.marcopolo.de/mailand*

im 19. Jh., das Risorgimento. „Viva Verdi!" riefen die Mailänder nach seinen Aufführungen in der Scala, bejubelten den Schöpfer des „Rigoletto" oder der „Traviata", aber meinten mit V.E.R.D.I. auch „Vittorio Emanuele Re d'Italia" – „Es lebe Viktor Emanuel, König von Italien!"

museal isoliert, sondern als Teil der Gegenwart. Wenn etwas nicht fertig werden will, dann sagt man, das dauere ja „come la fabbrica del duomo", so lange wie die Arbeit der Dombauhütte, die sechs Jahrhunderte für die Kathedrale benötigte – und kurz nach Beginn des 21. Jhs. drei

Ein Cappuccino im Angesicht des Doms macht schwindlig, jedenfalls preislich

Und die bis 1859 herrschenden Österreicher zogen die Stirn kraus.

Genauer hinschauen: Und plötzlich öffnen sich graue Fassaden zu bezaubernden Innenhöfen, tauchen hinter anonymen Ecken Kleinode der Architektur vergangener Jahrhunderte auf, prangen hinter schmutzigen Kirchenfassaden Meisterwerke der Kunst. Wer in Mailand genau hinschaut, der entdeckt Geschichte nicht

Jahre lang aufwendig die Fassade gereinigt hat, sodass sie wieder allem Smog zum Trotz erstrahlt.

Mailand leuchtet auch, wenn es dunkel wird: Der helle Stein im Kunstlicht macht den Dom zum glänzenden Solitär, geheimnisvoll blau schimmert es vom Dach des Scala-Verwaltungsbaus, und das Castello Sforzesco kommt am Abend in weißem Lichterglanz zur Geltung.

▶▶ TREND GUIDE MAILAND

Die heißesten Entdeckungen und Hotspots!
Unser Szene-Scout zeigt Ihnen, was angesagt ist

Emanuele Cavani

studiert Architektur und Kunst in Mailand. Besonders angetan hat es ihm die Weltoffenheit der Stadt und damit die Möglichkeit, viele Menschen aus aller Welt kennenzulernen. Im Kunstviertel Brera, wo auch die Kunsthochschule residiert, triff sich unser Szene-Scout mit anderen Kreativen zum Diskutieren. Abends taucht Emanuele in die Clubszene Mailands ein.

▶▶ IN-VIERTEL

Ein Muss für Designfans

Viele Jahrzehnte lang konzentrierte man sich in Mailand auf das schöne Zentrum der Stadt. Jetzt aber entwickelt sich Bovisa vom Randbezirk zum In-Viertel. Der einstige Industriebezirk ist heute Design-Hotspot der Stadt. So hat zum Beispiel ein Projekt der *Design-Triennale di Milano* hier seinen Sitz errichtet. Die *Triennale Bovisa (Via Lambruschini 31, www.triennalebovisa.it)* bietet der jungen kreativen Szene eine Plattform. Vor allem Fans von zeitgenössischer Kunst und Design kommen hier auf ihre Kosten. Avantgardebegeisterte werden bei *Blitz Bovisa (Via Enrico Cosenz 44/4, www.blitzbovisa.com)* fündig. Hier stöbern sie zwischen Designermöbeln und

begehrten Sammlerstücken. In Bovisas Luxustempel findet man Design so weit das Auge reicht – im *Hotel Virtus (Via Villapizzone 24, www.thevirtusmilan.com)* sind Farben, Materialien, Formen und Accessoires perfekt aufeinander abgestimmt.

SZENE

▶▶ BUON APPETITO!

Ungewöhnliches Ambiente

Die etwas anderen Restaurants ermöglichen dem Gast ein Erlebnis, das über das Kulinarische hinausgeht. Die *Chandelier Bar (Via Giuseppe Broggi 17, www.chandelier.it, Foto)* überrascht mit einem wilden Stil- und Mustermix. Pompöse Kronleuchter schweben über schweren Teppichen und farbenfrohen Fliesenböden, während die Wände von bunten Tapeten geziert werden – da wird das Essen zu einem Erlebnis für alle Sinne. Das wohl außergewöhnlichste der Mailänder Restaurants ist das *ATMosfera (Tel. 800 80 81 81)*. In der alten Carelli-Straßenbahn bewundern Gourmets im Vorbeifahren die Sehenswürdigkeiten der Stadt. Verschiedene Menüs nebst einer feinen Weinauswahl stehen hier auf der Speisekarte. Unbedingt reservieren! In der *Antica Trattoria della Pesa (Viale Pasubio 10)* regiert die Belle Époque – die Antiquitäten verleihen der lombardischen Küche einen außergewöhnlichen Touch.

▶▶ BOULDERN

Vorbild Spiderman

Klettern war gestern, heute wird gebouldert. Dabei sichern sich die Sportler nicht mit einem Seil, klettern dafür aber auch nur bis in ca. zwei bis drei Meter Höhe. Beim *Boulderfestival Melloblocco (www.melloblocco.it)* in der Val Masino zeigen Profis und Hobbykletterer aus aller Welt jedes Jahr im Frühjahr an ca. 700 Bouldern, was sie draufhaben. Perfekte Alternative zu den Outdoor-Events sind Mailands Kletterhallen. Mit überhängenden Wänden und gepolstertem Boden ist das *Passaggio Obbligato (Via degli Imbriani 17, www.passaggiobbligato.it)* perfekt für die ersten Boulderversuche. Auch *Campo Base (Via Corridoni 5, www.nuovocampobase.it)* in San Damiano di Brugherio hat eine eigene Boulderhalle. Spezialisten zeigen hier, wie's geht. Im *Climbing House* des Fitnessstudios *Way Out (Via Sapri 64, www.wayout-fit.com)* messen sich die Sportler z. B. beim *XMAS Boulder Contest*.

▶▶ LET'S ROCK!

Harte Jungs und cooler Sound

Mailand hat mehr zu bieten als Mode und Shopping. Mailand rockt – und das nicht nur während des jährlichen Festivals *Rock in Idro (www.rockinidro.com)*. Das *Rock 'n' Roll Radio (www.rocknrollradio.it)*, zu dem sich alles was Rang und Namen hat in der Stadt versammelt, sorgt auch sonst für entsprechende Klänge. Seine Macher betreiben außerdem den Place to be für alle Fans des lässigen Sounds: das *Rock 'n' Roll Milano (Via Bruschetti 11, www.rocknrollmilano.com)*. In dem Rockclub stehen Jam-Sessions und Livekonzerte u. a. der Kultband *Neracruz (www.neracruz.com, Foto)* auf dem Programm. Unmittelbar und ehrlich ist der Sound im *La Casa 139 (Via Ripamonti 139, www.laca sa139.com)*. Die Rockbar ist klein, fast immer voll, und die Konzerte sind hervorragend.

▶▶ WELLNESS

Erholung auf höchstem Niveau

Design und Wellness – das geht so gut zusammen wie Haute Couture und Mailand. Was liegt da näher, als dass bekannte Modeschöpfer sich jetzt auch an Spas heranwagen? Wer also zu viele Tüten geschleppt hat, sollte sich im *ESPA at Gianfranco Ferré (Via Sant'Andrea 15)* verwöhnen lassen. Das Spa, an die Boutique des Designers angeschlossen, ist klein, aber fein. Fabrizio Lepri, der begehrteste Stylist des Landes, achtete beim Bau und der Gestaltung seines Lifestyle-Salons *(Via Omenoni 2, www.leprilss.it)* auf Nachhaltigkeit und unbehandelte Materialien. In der neuen *Terme Milano (Piazzale Medaglie d'Oro 2, www.termemilano.com, Foto)*, wo sich Sauna und Dampfbäder in der Art-déco-Umgebung eines Palazzos von 1908 befinden, haben die Designer ein Händchen für Harmonie bewiesen.

▶▶ PARTYTIME

Nachtleben in Mailand

Von Donnerstag bis Sonntag stehen in Mailand alle Zeichen auf Party. Szenepeople zieht es dann in die *Freak Bar (Via Agostino Bertani 16, www.freakbar.it).* Kurz vor Mitternacht verwandelt sich das Restaurant in einen Club mit DJ-Sound vom Feinsten. Die Mailänder Prominenz feiert im *Gioia 69 (Via Melchiorre Gioia 69, www.gioia69.it).* Ein stylishes Interieur und ein indischer Outdoorbereich verleihen dem VIP-Hotspot Eleganz. Funkiger und abgefahrener sind die Partys im *Plastic (Viale Umbria 120, www.thisisplastic.com).* Das Mailänder Nachtleben ist vielfältig und ständig in Bewegung. Um immer auf dem neuesten Stand zu sein, lohnt sich ein Blick in das Monatsmagazin *Milanomese,* das es gratis bei den Touristeninformationen gibt.

▶▶ NEUE KUNST

Talentsuche

Hauptsache auffallen: Die jungen Kreativen mischen Mailands Kunstszene auf. Schrill-bunte Gemälde, reduzierte Skulpturen oder Zeichnungen, die nur aus einem Strich bestehen, begeistern die Besucher der *Paolo Curti Galleria d'Arte (Via Pontaccio 19, www.paolocurti.com,* Foto). Die *Spirale Arte Contemporanea (Corso Venezia 29, www.spiraleartecontemporanea.it)* ist immer offen für die innovativen Ideen der jungen Talente. Einen Überblick über zeitgenössische Künstler verschafft man sich in der *Galleria Cardi (Piazza Sant'Erasmo 3, www.galleriacardi.com).*

▶▶ V.I.P.

Das indvduelle Einkaufserlebnis

Fashionfans aufgepasst! Bei der Vielzahl der in Mailand ansässigen Designer kann es nicht schaden, einen Profi an der Hand zu haben – im wahrsten Sinn des Wortes. Personal Shopper führen Interessierte durch die hippsten Läden und zeigen ihnen die absoluten Geheimtipps – ganz egal, ob es um Möbel, Schmuck, Schuhe oder Klamotten geht. Der persönliche Einkaufsberater garantiert Promifeeling und ist total angesagt. Infos und Buchung unter *www.personalshoppermilano.com* oder *www.incoming-mailand.de.* Rossella Fuggetta *(www.rfpersonalshopping.com)* bietet über die Einkaufstüten-Tragehilfe hinaus außerdem eine typgerechte Stilberatung an.

> MODE UND MUSIK, INTER UND DESIGN

Mailand ist ein Durchlauferhitzer für Stilfragen aller Art

APERITIF

Am frühen Abend ist es Zeit für die Happy Hour und einen Aperitif in der Bar. Mailand ist die Welthauptstadt für kleine alkoholische und nicht-alkoholische Appetitanreger. Ganz klassisch mit Campari-Soda oder Ramazzotti, elegant mit Prosecco oder Spumantino, kräftig mit Negrotto oder Vodka Sour. Dazu stehen Snacks und Oliven, Salzgebäck und Gemüse-häppchen auf dem Tresen der Bar. Und manch einer bleibt den ganzen Abend hier hängen.

DESIGN

Sein oder Design, das ist hier keine Frage. Milano und die Lombardei bilden die Topregion für Design in Europa. Eine Zeitschrift wie „Domus" konnte gar nicht anderswo entstehen. Die schöne Form von Alltags-

> www.marcopolo.de/mailand

STICH WORTE

gegenständen, Möbeln oder auch Industrieprodukten wird in Hunderten von Werkstätten, Studios und Agenturen immer wieder aufs Neue gesucht und ausprobiert. Altmeister wie Ettore Sottsass oder Enzo Mari arbeiten in ihnen ebenso wie zahllose unbekannte, aufstrebende Talente. Irgendwann werden sich Namen und Produkte im Designmuseum wiedertreffen, das gerade in der Triennale eingerichtet wird.

INTER & AC MILAN

Im *calcio,* dem Fußball, ist Mailand streng zweigeteilt: in rot-schwarz gestreifte *milanisti,* das sind die Fans des AC Mailand, und blau-schwarz gestreifte *interisti,* die Anhänger von Inter. Fan ist man von Geburt an – und so müssen viele stramme Linke politische Überzeugungen zu Hause lassen, wenn es um den Fußball geht: Der AC Mailand gehört dem rechten

Premierminister und Milliardär Silvio Berlusconi. Etwas zu feiern hatten zuletzt beide Lager: Inter gewann die Meisterschaft 2009 zum vierten Mal in Folge, der Erzrivale Milan 2007 die Champions League. Ihre Heimspiele tragen beide Clubs im ⭐ *Stadio Giuseppe Meazza (*[0]*) | Via Piccolomini 5 | Tram 16)* mit 85 000 überdachten Sitzplätzen aus. Karten gibt es über die Website der Vereine: *www.*

MODEZAREN

Armani und Prada, Gucci und Dolce & Gabbana sind diejenigen, die den Ton angeben. Sie kümmern sich um Mode und Design, um Parfum und Kultur. Armani hat sich von Tadao Ando sogar ein eigenes Theater bauen lassen und sponsert einen Basketballclub der Spitzenklasse: Armani Jeans Milano. Die Boutiquen und Show-

Ein Flutlichtspiel unter 85 000 *tifosi* im San-Siro-Stadion ist ein eindrucksvolles Erlebnis

inter.it/en/biglietti/acquista.html (Inter) und *www.acmilan.com/InfoPage.aspx?id=75810* (Milan). Dort finden sich auch die offiziellen Vorverkaufsstellen. Das Stadion – die *tifosi* nennen es bei seinem traditionellen Namen San Siro, weil es im gleichnamigen Stadtteil liegt – können Sie auch besichtigen, wenn kein Spiel ansteht *(tgl. 10–17 Uhr | Eingang bei Tor 14 | 12,50 Euro | www.sansiro.net).*

räume der Modekönige sind die Fixpunkte einer Stadt wie früher die Palazzi der Patrizier und die literarischen Salons der Intellektuellen.

MUSIK

Scala und Auditorium, Villa Simonetta und Teatro Dal Verme – von Oktober bis Juni ist Musik in der Stadt, ganz klassisch mit großen

> **www.marcopolo.de/mailand**

Namen und bekannten Werken. Andere hören auf ein ganz anderes Mailand. Auf das, das aus den Lokalen swingt und in den Diskos rockt. Wenn in der Scala die Lichter ausgehen, gehen sie rund um die Navigli erst richtig an.

SANT'AMBROGIO

Ambrosius, um 340 n. Chr. in Trier geboren, war Statthalter des Kaisers in Mailand und ließ sich dann vom Volk zum Bischof wählen. Als Bischof lebte Ambrosius in dauernder Spannung zwischen kaiserlichen und kirchlichen Interessen, die er mit diplomatischem Geschick auch durchsetzen konnte. Seine Reform der Liturgie („ambrosianischer Ritus") hat heute noch Gültigkeit. Und jedes Jahr am 7. Dezember, seinem Geburtstag, wird in Mailand groß gefeiert: in der Scala zur Spielzeiteröffnung mit Premierengarderobe, auf der Piazza vor der Kirche mit Budenzauber.

SCHLANGENTIERE

Schlangen sind in Mailand allgegenwärtig. Sie lauern auf Säulen in der Kirche Sant'Ambrogio. Sie schlängeln sich durchs Logo von Alfa Romeo wie durch das von Silvio Berlusconis Fernsehsender Canale Cinque. Sie tummeln sich auf der Brust von Inter-Kickern und prangen auf Wappen am Castello Sforzesco. Das Wappen der Visconti geht auf die Darstellung eines schlangenartigen Drachen zurück, der ein Kind verspeist. Angeblich hat einer der Stammväter, Ottone Visconti, während der Kreuzzüge einen Sarazenen besiegt, der jenes Wappen auf dem Schild führte. Seitdem schlängelt es sich in immer neuer Gestalt durch die lombardische Grafik.

> DAS KLIMA IM BLICK

Handeln statt reden

Reisen bereichert und verbindet Menschen und Kulturen. Jedoch: Wer reist, erzeugt auch CO_2. Dabei trägt der Flugverkehr mit bis zu 10 % zur globalen Erwärmung bei. Wer das Klima schützen will, sollte sich somit nach Möglichkeit für die schonendere Reiseform (wie z. B. die Bahn) entscheiden. Wenn keine Alternative zum Fliegen besteht, so kann man mit *atmosfair* handeln und klimafördernde Projekte unterstützen.

atmosfair ist eine gemeinnützige Klimaschutzorganisation.

Die Idee: Flugpassagiere spenden einen kilometerabhängigen Beitrag für die von ihnen verursachten Emissionen und finanzieren damit Projekte in Entwicklungsländern, die dort helfen, den Ausstoß von Klimagasen zu verringern. Dazu berechnet man mit dem Emissionsrechner auf *www.atmosfair.de* wie viel CO_2 der Flug produziert und was es kostet, eine vergleichbare Menge Klimagase einzusparen (z. B. Berlin–London–Berlin: ca. 13 Euro). *atmosfair* garantiert, unter der Schirmherrschaft von Klaus Töpfer, die sorgfältige Verwendung Ihres Beitrags. Auch der MairDumont Verlag fliegt mit *atmosfair*.

Unterstützen auch Sie den Klimaschutz: *www.atmosfair.de*

MÖBEL, MESSEN, MARATHON

Karneval und Frauenmode, Blumenfest und Formel 1 –
Mailand und sein Umland feiern religiöse wie weltliche Anlässe

■ FEIERTAGE ■

1. Jan. *(Capodanno);* **6. Jan.** *(Epifania);*
Ostermontag *(Pasquetta);* **25. April**
(Liberazione); **1. Mai** *(Festa del Lavoro);*
2. Juni *(Giorno della Repubblica);* **15. Aug.**
(Ferragosto); **1. Nov.** *(Ognissanti);* **7. Dez.**
(Sant'Ambrogio); **8. Dez.** *(Immacolata
Concezione);* **25. Dez.** *(Natale);* **26. Dez.**
(Santo Stefano)

■ FESTE UND VERANSTALTUNGEN ■

6. Jan.

Umzug vom Dom nach Sant'Eustorgio,
woReliquien der Heiligen Drei Könige
aufbewahrt werden.

Februar

Im *Karneval,* der nach ambrosianischem
Ritus bis zum Samstag nach Fastnacht
dauert, kostümieren sich besonders die
Kinder. An diesem Samstag wird ein
Umzug in historischen Gewändern rund
um den Domplatz veranstaltet, unter
ihnen die typisch Mailänder Masken des
Meneghin und der Cecca.

März

Ein Sonntag Mitte des Monats: Blumen-
fest *Tredezin de Marz,* weil nach einem
Sprichwort am 13. die Schwalben in ihr
Nest zurückkehren.
Am dritten Samstag im März startet der
Radklassiker Mailand–San Remo.
Meist Ende März *Giornate del FAI:*

Insider Tipp

Kirchen und Stadtpaläste, die sonst für
die Öffentlichkeit nicht zugänglich sind,
haben geöffnet.
Am Monatsende finden die *Mode-
wochen* (Beginn Ende Februar) ihren
Höhepunkt in den Defilees für die
kommende Damenwintermode.

Ostern

Am Ostermontag *Blumenfest* mit großem
Markt auf der Piazza Sant'Angelo/Via
Moscova.

April

Mitte April kommen Designer aus aller
Welt zur Möbelmesse *Salone del Mobile,*
auf der Möbel und Accessoires aller Art
ausgestellt werden.

Aktuelle Events weltweit auf www.marcopolo.de/events

> EVENTS
FESTE & MEHR

In der zweiten Monatshälfte finden sich 50 000 und mehr Teilnehmer zum *Marathonlauf Stramilano.*
Etwa zur gleichen Zeit kann man den Freiluft-Kunstmarkt *L'Arte al Cielo Aperto* in der Via Bagutta besuchen.

Mai
Mitte des Monats: *Pittori sul Naviglio* – Künstler stellen am Ufer des Naviglio Grande aus.
Legnano (30 km westlich an der A 8) erinnert mit der <mark>Festa del Carroccio,</mark> dem Fest des Streitwagens, an den Sieg des norditalienischen Städtebunds Lega Nord über Kaiser Barbarossa in der Schlacht von 1176 (Pferderennen, Kostümumzug).
www.legnano.org

Insider Tipp

Juni
Erster Sonntag: *Festa dei Navigli,* buntes Fest mit Verkaufsständen aller Art längs des Naviglio Grande und Naviglio Pavese.
Am 29. Juni wird in Abbiategrasso vor den Toren Mailands am Naviglio Grande die *Festa di San Pietro* mit einem großen Feuer begangen – und mit reichlich Risotto und Wein.

Juli/August
Während der Ferien organisiert die Stadt *Freiluftveranstaltungen* (Kino und Musik) in Innenhöfen und in den Parks.

September
Anfang September zeigen einige Kinos in der Reihe *Le Vie del Cinema* alle Filme der Biennale von Venedig.
Mitte des Monats fällt die Formel-1-Welt mit Motorgeheul und Ferrarifahnen zum *Großen Preis von Italien* in Monza ein.
Ende des Monats hält die kommende Frühlings- und Sommermode auf der Messe *MilanoModaDonna* die ganze Stadt in Atem.

Dezember
Der 7. Dez. ist Ambrosiustag: Die Scala eröffnet mit einer *Galapremiere* die Spielzeit, das Volk drängt sich um die Buden, die für das Fest <mark>*Oh Bej oh Bej*</mark> rund um Sant'Ambrogio aufgebaut sind.

Insider Tipp

> DEM DOM AUFS DACH STEIGEN UND BUMMELN AN DEN KANÄLEN

Mailand ist keine Stadt, die sich auf den ersten Blick erschließt. Sie will entdeckt werden

> Sie können spielend eine Woche mit Hochkultur füllen, sich stattdessen auf die Suche nach Mailands junger Designszene machen oder ganze Tage mit Schaufensterbummeln füllen – diese Stadt hat viele Gesichter, und jedes für sich ist schon eine Reise wert.

Aber Sie können auch von allem ein wenig mitnehmen, denn die Wege sind kurz in Mailand. Von der Scala, einem der besten Opernhäuser der Welt, sind es nur wenige Schritte zur

Via Monte Napoleone, wo die Edellabels ihre Geschäfte haben, oder zur Galleria Vittorio Emanuele, dem schönsten Schaufenster der Stadt. Ihr anderer Ausgang führt Sie zum Domplatz, dem historischen und aktuellen Zentrum der Stadt. Mailand können Sie sich erlaufen: Die meisten Ziele sind vom Dom aus in weniger als einer halben Stunde zu Fuß zu erreichen, auch das Kreativenviertel um die Via Tortona im Südwesten oder

Bild: Blick vom Domdach

SEHENSWERTES

der Corso Como nördlich, wo nachts das Leben tobt.

Die Wege führen Sie vorbei an alter Substanz und modernen Bauten, wo Zeit und Kriege Lücken geschlagen haben – und sicher auch an etlichen Baustellen. Mailand steht nicht still: Die Stadt entwickelt sich fort, so wie sie das seit zwei Jahrtausenden tut. Wie von einem Stein aus, der ins Wasser geworfen wurde: In konzentrischen Ringen breitete sich Mailand im Lauf der Stadtentwicklung aus, ausgehend vom heutigen Domplatz. Unter den Römern wuchs die Stadt, im 4. Jh. n. Chr. war sie mit 250 000 Ew. eine der größten Städte Europas.

Mit krummen Gassen und verstreuten Bauten legte sich dann das Mittelalter über die römische Rechtwinkligkeit. Unter der Herrschaft der Visconti und der Sforza wuchs ein Mauerring, der noch heute gut auf

MAILAND IM ÜBERBLICK

Die Karte zeigt die Einteilung der interessantesten Stadtviertel. Bei jedem Viertel finden Sie eine Detailkarte, in der alle beschriebenen Sehenswürdigkeiten mit einer Nummer verzeichnet sind

dem Stadtplan nachzuvollziehen ist. Dieser sogenannte *cerchio dei navigli,* der Sant'Ambrogio, San Lorenzo und die Ca' Grande streift, war bis vor wenigen Jahrzehnten von *navigli,* Kanälen, umflossen. Heute fährt ihn der Bus 94 entlang.

Unter spanischer Herrschaft entstand später der nächste Kreis: die *cinta dei bastioni spagnoli,* der spanische Befestigungsgürtel, der an der Porta Romana im Südosten der Stadt noch teilweise sichtbar ist. Die Tramlinien 29/30 folgen ihm und führen an den meisten Toranlagen von der Porta Volta bis zur Porta Ticinese vorbei.

Innerhalb dieser Jahrhundertringe finden Sie eine Stadt, die durch Fremdherrschaft, Zerstörungen und Wiederaufbau ganz anders wirkt als andere italienische Städte. Man sieht ihr an, dass die Bombenangriffe des Zweiten Weltkriegs fast die ganze Innenstadt in Schutt und Asche legten. Mailand ist keine Stadt, die sich auf den ersten Blick erschließt. Sie will entdeckt werden. Wer neugierige Blicke wagt, wird fast immer belohnt: Die Stadt hat ungezählte schöne Innenhöfe, die sich hinter – oft zufällig geöffneten – Portalen verbergen.

Ein wenig Vorbereitung erfordern hingegen Mailands Museen: An die 40 Stück sind es, und sie bieten Zugang zu Kunst, wissenschaftlichen Forschungen und zur Wirtschafts-

und Kulturgeschichte. Leonardo da Vincis „Abendmahl", das im Sommer oft eine Anmeldung Wochen vor dem Besuch erfordert, die Museen im Castello Sforzesco mit Michelangelos Pietà Rondanini, die Gemäldesammlungen der Pinacoteca Ambrosiana und der Pinacoteca di Brera sind Höhepunkte nicht nur einer Mailand-, sondern einer ganzen Italienreise. In einem Stadtbesuch ist das eigentlich gar nicht zu schaffen – nehmen Sie sich deshalb nicht zu viel vor!

Einige Museen haben montags und an Feiertagen geschlossen. Dafür gibt es im Sommer tageweise Öffnungszeiten bis spät in den Abend – es empfiehlt sich ein Blick in die Tagespresse oder ein Anruf bei der Touristeninformation. Die städtischen Museen haben einen gemeinsamen Internetauftritt: *http://www.museidelcent*

ro.mi.it. Die meisten Kirchen und Klöster sind täglich von 7 bis 12 und von 15 bis 19 Uhr geöffnet.

CENTRO STORICO

> **Hier, vom Dom aus nach Süden, nahm Mailand seinen Anfang, von hier aus erschließt sich die Stadt ihren Besuchern.** Nirgendwo ist der Gegensatz zwischen dem alten Mailand und der Stadt der Moderne so greifbar. Auf einen Blick versteht das, wer auf dem Dach des stolzen Doms steht. Die roten Ziegeldächer, die engen Gassen und die zahlreichen Kirchtürme des traditionellen Mailands sind von dort oben zu sehen. Aber von nebenan grüßt die Torre Velasca, der gewollte Gegenpol zum Dom. Mit dem ab

MARCO POLO HIGHLIGHTS

1956 gebauten Turm schuf eine Architektenkooperative einen kühnen, aneckenden Kontrast zum Strebewerk des 1386 begonnenen Doms: Die Torre Velasca kehrt die gotischen Proportionen um und verstört manchen Besucher mit den von Stützpfeilern getragenen, weit ausgestellten oberen Stockwerken. Als Dorn im Fleisch der Stadt wird der Turm von den einen wahrgenommen – für Architekturfans dagegen ist er ein Pilgerziel. Im *centro storico* begegnen Ihnen viele solcher Gegensätze. Lassen Sie sich darauf ein: Mailand ist ein lebendes Museum, aber auch eine moderne Stadt.

1 CA' GRANDE [121 E5]

Das frühere Krankenhaus wird heute von der Mailänder Universität genutzt. Ab 1456 errichtet, kann man die verschiedenen Bauabschnitte aus mehreren Jahrhunderten schön an den unterschiedlichen Fassaden längs der Via Festa del Perdono sehen. *Via Festa del Perdono | Metro: M 1 Duomo, M 3 Missori, Tram 24, Bus 65*

2 DOM SANTA MARIA NASCENTE ⭐ [121 D4]

Der Mailänder Dom, dessen Grundstein 1386 gelegt wurde, ist durch viele Jahrhunderte gewachsen. Trotz langer Bauzeit bis ins 19. Jh. bleibt er ein großartiges Zeugnis lombardischer Gotik. Die Fassade wurde allerdings nach mehreren Baustufen stark historisierend vollendet. Mit einer Außenlänge von 158 m und einer Grundfläche von 11 400 m² gehört der Mailänder Dom zu den größten Kirchen der Christenheit.

Der Vierungsturm wird von einer vergoldeten Marienstatue aus Kupfer geschmückt, die im Volksmund Madonnina („Madönnchen") genannt wird, aber immerhin 4,16 m hoch ist und mehrere Tonnen wiegt. Das Dach *(s. nächster Eintrag)* zieren rund 3500 Figuren (Heiligenstatuen, Tiere, Dämonen). Das fünfschiffige Innere

1700 m² Glasfenster sorgen im Dom für ein stimmungsvolles Dämmerlicht

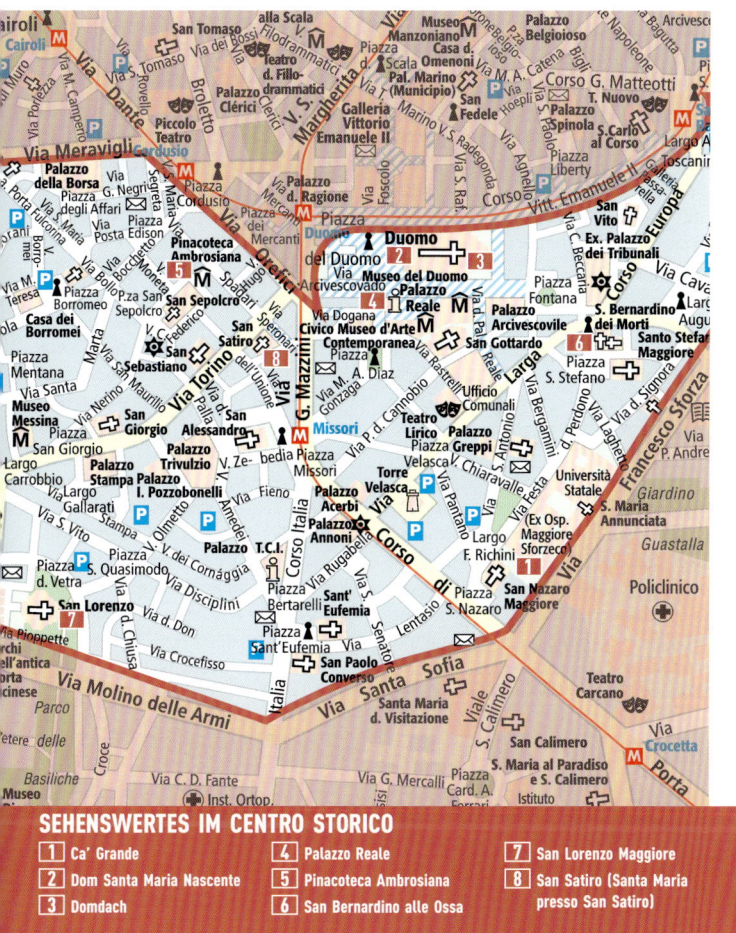

SEHENSWERTES IM CENTRO STORICO

1 Ca' Grande
2 Dom Santa Maria Nascente
3 Domdach
4 Palazzo Reale
5 Pinacoteca Ambrosiana
6 San Bernardino alle Ossa
7 San Lorenzo Maggiore
8 San Satiro (Santa Maria presso San Satiro)

im mehrfach gebrochenen Dämmerlicht wird von riesigen Glasfenstern beherrscht: Auf 1700 m² sind rund 3600 Personen abgebildet. Der Zugang zu Ausgrabungen der Antike und den Fundamenten der Vorgängerbauten *(tgl. 9.45–12.45 und 14–17.45 Uhr | 2 Euro)* liegt im Innenraum nahe dem Hauptportal. *Tgl. 8.30 bis 18.45 Uhr | Eintritt frei | www.duomomilano.it | Piazza Duomo | Metro: M 1, M 3 Duomo*

3 DOMDACH ☀ [121 D4]

Welchem Dom kann man schon aufs Dach steigen? Beim Mailänder geht es. Es gibt sogar einen Fahrstuhl. Von oben bietet sich ein ungewöhnlich schöner Blick auf die Piazza del Duomo und die Galleria Vittorio Emanuele II, auf die grünen Dachterrassen, die ganze Innenstadt und natürlich auf die Domarchitektur selbst. *Tgl. 9–16.45 (Sommer bis 21) Uhr | 5 (mit Fahrstuhl 8) Euro | www. duomomilano.it | Piazza Duomo, Treppenzugang von der Nordseite gegenüber vom Kaufhaus La Rinascente, Fahrstuhl genau gegenüber auf der Südseite | Metro: M 1, M 3 Duomo*

▣ PALAZZO REALE   [121 D4]

An der Stelle des mittelalterlichen Palazzo Ducale, der ein eigenes großes Theater hatte, in dem noch Mozart aufgetreten war, entstand Ende des 18. Jhs. dieser neoklassizistische Herrschaftspalast nach Plänen von Giuseppe Piermarini. Im Sommer finden im Hof Film- und Musikveranstaltungen statt. *| www.comune.mi lano.it/palazzoreale | Piazza Duomo | Metro: M 1, M 3 Duomo*

▣ PINACOTECA AMBROSIANA ★   [120 C4]

Die berühmte Gemäldegalerie wurde 1618 auf Bestreben des Kardinals Federico Borromeo eingerichtet. Hier sollten junge Künstler und Wissenschaftler im Geist der Gegenreformation erzogen werden. Heute gilt die Pinakothek zusammen mit der Pinacoteca di Brera als eine der wichtigsten Bildersammlungen ganz Italiens. Hier wird u. a. die monumentale Vorzeichnung von Raffael für das Fresko „Schule von Athen" (1509) aus den Stanzen des Vatikans aufbewahrt. Ein weiterer Höhepunkt ist der „Codex Atlanticus", eine über 1100 Blätter umfassende Sammlung mit mathematischen und astronomischen Studien, Entwürfen für Maschinen, Briefen und anderen Schriften des Universalgenies Leonardo da Vinci. *Di–So 9 bis 19 Uhr | Vorbestellung ratsam (sonst nur Last-Minute-Tickets) über Website oder Tel. 05 15 88 15 89 | 16,50 Euro | www.ambrosiana.it | Piazza Pio XI 2 | Metro: M 1 Cordusio, M 3 Duomo*

❯ LEONARDO IN MAILAND
Auf den Spuren des Superhirns der Renaissance

Das Allroundgenie hat in Mailand nicht nur sein weltberühmtes Wandgemälde „Abendmahl" in der Kirche Santa Maria delle Grazie hinterlassen. Leonardo da Vinci hat, als er 1482 als 30-Jähriger nach Mailand kam und fast 20 Jahre blieb, Bewässerungsanlagen gebaut, Plätze entworfen, die Wehranlagen des Castello Sforzesco verbessert, einen Weinberg angelegt und technische und wissenschaftliche Studien aller Art getrieben. Für seinen Fürsten entwarf er auch ein riesiges Reiterstandbild aus Bronze. Es wurde nie gegossen, weil 1499 die Franzosen mit Waffengewalt in die Stadt eindrangen, Fürst Ludovico festsetzten und Leonardo deshalb lieber das Weite suchte. Rund 500 Jahre später finanzierte ein Amerikaner den Guss des Pferds nach alten Plänen. Die Stadt stellte das Geschenk sinnigerweise vor die Trabrennbahn.

6 SAN BERNARDINO ALLE OSSA [121 E4]

Ursprüngliche Friedhofskirche des Mittelalters, im Barock vollkommen erneuert, angeschlossen eine bedrückende Totenkapelle mit Wandschmuck aus Knochen und Schä-

16 römische Säulen stehen Spalier vor der Kirche San Lorenzo Maggiore

deln – die über dem Eingangsportal stammen von hingerichteten Verbrechern. *Piazza Santo Stefano | Tram 12, Bus 54*

7 SAN LORENZO MAGGIORE [120 B6]

Gründung aus dem 4. Jh., nach mehreren Zerstörungen als Zentralbau der Spätrenaissance ab 1574 errichtet. Von älteren Bauteilen blieb ein spektakulärer Kapellenkranz (Bauformen gut sichtbar vom dahinter liegenden Park). Vor der Kirche stehen ▶▶ 16 römische Säulen *(Colonne di San Lorenzo)* – abends ein Treffpunkt der

Jugendszene. *Corso di Porta Ticinese | Tram 3*

8 SAN SATIRO (SANTA MARIA PRESSO SAN SATIRO) [120 C4]

Ein architektonisches Kleinod aus Mittelalter und Renaissance, das man von der lebhaften Via Torino aus zunächst kaum wahrnimmt. Eine erste karolingische Kapelle *(Cappella della Pietà)* wurde bereits im 9. Jh. zu Ehren von San Satiro, dem Bruder von Ambrosius, gebaut und mit einem romanischen Glockenturm ergänzt, der stilbildend für die ganze Lombardei wurde. Der Kirchenraum und die Sakristei entstanden ab 1478 unter Bramante, wobei sich der geniale Baumeister aus Urbino auf engstem Raum eines perspektivischen Kniffs bediente. *Via Torino/Via Speronari | Metro: M 1, M 3 Duomo*

QUADRILATERO

> **Mailand ist Italiens Konsumhauptstadt.** Auf dichtem Raum drängen sich nördlich des Doms die edlen Läden, die dem Quadrilatero d'Oro, dem „Goldenen Viereck", seinen Namen gaben und es so begehrenswert machen. Armani, Dior, Gucci und Prada sind mit jeweils mehreren Läden in den Straßenzügen zwischen Via Monte Napoleone und Via della Spiga, zwischen Via Manzoni und Corso Venezia vertreten.

Auch die Galleria Vittorio Emanuele II hat sich in den vergangenen Jahren mit neuen Mietern aus der Luxusbranche wieder zu Mailands schönstem Schaufenster herausgeputzt. Doch auch Erschwinglicheres ist zu finden, große Ketten und kleine Spezialisten reihen sich in der Fußgängerzone am Südrand aneinander. Wer genug von den Auslagen hat, findet hier einige hübsche Museen – und die Scala, Mailands weltberühmtes Opernhaus.

Die Wohnungspreise im Goldenen Viereck erklimmen stetig neue Rekorde – was auch daran liegt, dass hier alteingesessenes Mailänder Großbürgertum wohnt. Und das verkauft nicht.

1 CASA DEGLI OMENONI [121 D-E3]
Das Wohnhaus von Leone Leoni, dem Hofkünstler von Karl V. und Philipp II., hat sich der Künstler 1565 selbst entworfen. Seinen Namen „Haus der mächtigen Männer" trägt es wegen der riesigen Skulpturen in der Fassade, sogenannte Atlanten, die die Last der oberen Stockwerke schultern. *Via degli Omenoni 3 | Metro: M 1 San Babila, M 3 Monte Napoleone*

2 CORSO VENEZIA [121 F2-3]
Die ehemalige Nobelstraße von der Piazza San Babila zur Porta Venezia wird von interessanten Stadtpalästen wie der *Casa Fontana-Silvestri* (Nr. 10) aus der Renaissance, dem *Palazzo*

Kultadresse für Kauflustige: die Galleria Vittorio Emanuele, ein Konsumtempel aus dem 19. Jh.

Serbelloni (Nr. 16) aus dem Neoklassizismus oder dem *Palazzo Castiglioni* (Nr. 47) aus der Jugendstilzeit gesäumt. *Metro: M 1 San Babila, Palestro, Porta Venezia*

3 GALLERIA VITTORIO EMANUELE II ⭐ [121 D3]

Il salotto, die gute Stube der Stadt mit Bars, Restaurants, Geschäften (darunter viele Buchhandlungen), ist ein weltlicher Tempel aus Stein, Stahl und Glas, mit dem sich das Mailänder Bürgertum selber ein Denkmal setzte und die nationale Einheit feierte. Die Kuppel (höchster Punkt 47 m) entspricht mit ihren Innenmaßen der Kuppel des römischen Petersdoms. Giuseppe Mengoni, der Architekt dieser zwischen 1865 und 1877 erbauten Galerie, kam kurz vor ihrer Vollendung bei einem Sturz vom Baugerüst ums Leben. *Zwischen Piazza del Duomo und Piazza della Scala | Metro: M 1, M 3 Duomo*

4 MUSEO BAGATTI VALSECCHI [121 E2]

Das Wohnhaus einer Patrizierfamilie im historisierenden Stil der Wende vom 19. zum 20. Jh. mit Möbeln, Gemälden (Giovanni Bellinis „Santa Giustina"), Teppichen, Keramik, Schmuck. *Di–So 13–17.45 Uhr | 8 Euro | www.museobagattivalsecchi. org | Via Gesù 5/Via Santo Spirito 10 | Metro: M 3 Monte Napoleone, Tram 1, 2*

5 MUSEO POLDI-PEZZOLI ⭐ [121 D-E2]

Das Privatmuseum ist von der Atmosphäre her vielleicht das schönste Museum Mailands: Es ist im Haus (zum Teil mit Wandbemalungen) des Barons Gian Giacomo Poldi-Pezzoli

aus dem 19. Jh. untergebracht. Die reiche Kunstsammlung umfasst Werke u. a. von Sandro Botticelli, Andrea Mantegna, Lucas Cranach (Bildnis Luthers und seiner Frau von 1529). Antonio del Pollaiuolos berühmtes „Bildnis einer Frau" (um 1470) ist in das Signet des Museums eingegangen. *Mi–Mo 10–18 Uhr | 8 Euro | www.museopoldipezzoli.it | Via Manzoni 12 | Metro: M 3 Monte Napoleone*

6 MUSEO TEATRALE ALLA SCALA [127 D1]

Zurückgekehrt in die gerade restaurierten Räume der Scala, zeigt das neu strukturierte Museum Material zur Musikgeschichte der Scala und Mailands mit Erinnerungsstücken, Fotos, Gemälden, Plastiken, Objekten, Kostümen, Instrumenten sowie Sonderausstellungen. *Tgl. 9–12.30 und 13.30–17.30 Uhr | 5 Euro | www.teatroallascala.org | Piazza della Scala | Metro: M 1 Duomo, Tram 1, 2*

7 PALAZZO MARINO [121 D3]

Die meisten begegnen diesem ehrwürdigen Renaissancepalast aus dem Jahr 1558, der der Stadt als Rathaus dient, von der „falschen" Seite: Der heutige Haupteingang zur Piazza della Scala war eigentlich die Hinterseite, die historisierende Fassade ist ein Werk von 1889. Bevor sich der Palazzo gleichsam „gedreht" hat, lag die Schauseite zur Piazza San Fedele. *Piazza della Scala | Metro: M 1, M 3 Duomo*

8 PIAZZA MERCANTI [120 C3-4]

Das mittelalterliche Zentrum der Stadt mit dem ehemaligen Rathaus

(Palazzo della Ragione) von 1233. An der Nordseite steht der *Palazzo dei Giureconsulti* mit manieristischer Fassade (16. Jh.). Der Straßendurchbruch der Via Mercanti aus den Dreißigerjahren des 20. Jhs. zerstört die Geschlossenheit der Piazza, von der sich einst sechs Tore zu den sechs Stadtteilen von Mailand öffneten. *Metro: M 1 Cordusio*

9 TEATRO ALLA SCALA [121 D3]

Sie ist der vielleicht bekannteste Botschafter Mailands in der Welt: die Scala. Das Opernhaus ließ der Architekt Giuseppe Piermarini 1778 an der Piazza della Scala an Stelle der baufälligen gotischen Kirche Santa Maria alla Scala errichten. Anfangs war die Oper noch ganz in Azur- und Ockertöne getaucht, und das Parkett bot nur Stehplätze. Der rote Damast, mit dem die fünf hufeisenförmigen Logenränge heute ausgeschlagen sind, ist eine Erfindung des späten 19. Jhs. Im 19. Jh. erlangte das Theater mit seinen Uraufführungen von Rossini-, Verdi- oder Puccini-Opern Weltruf. Sänger und Sängerinnen wie Enrico Caruso oder Maria Callas schrieben die Erfolgsgeschichte im 20. Jh. weiter.

Die Scala ist zu einem Symbol der Stadt geworden. Als sie im Zweiten Weltkrieg durch Bomben zerstört wurde, baute man sie nach Kriegsende schnell wieder auf – noch bevor Wohnungen, Krankenhäuser oder andere öffentliche Gebäude repariert wurden. Scala, das bedeutet kulturelles Leben, und kulturelles Leben, das heißt Zukunft.

In der Eile ging man nicht immer gründlich vor. Vieles wurde einfach übermalt, anstatt es fachmännisch zu restaurieren. So wurden bei der Restaurierung nach Plänen von Mario Botta zwischen 2002 und 2004 hinter Farbschichten Marmorstrukturen freigelegt, und unter dem Teppichboden tauchten alte Steinfliesen venezianischer Art auf. Auch wurde die Akus-

Italiens berühmtestes Opernhaus ist frisch renoviert: Teatro alla Scala

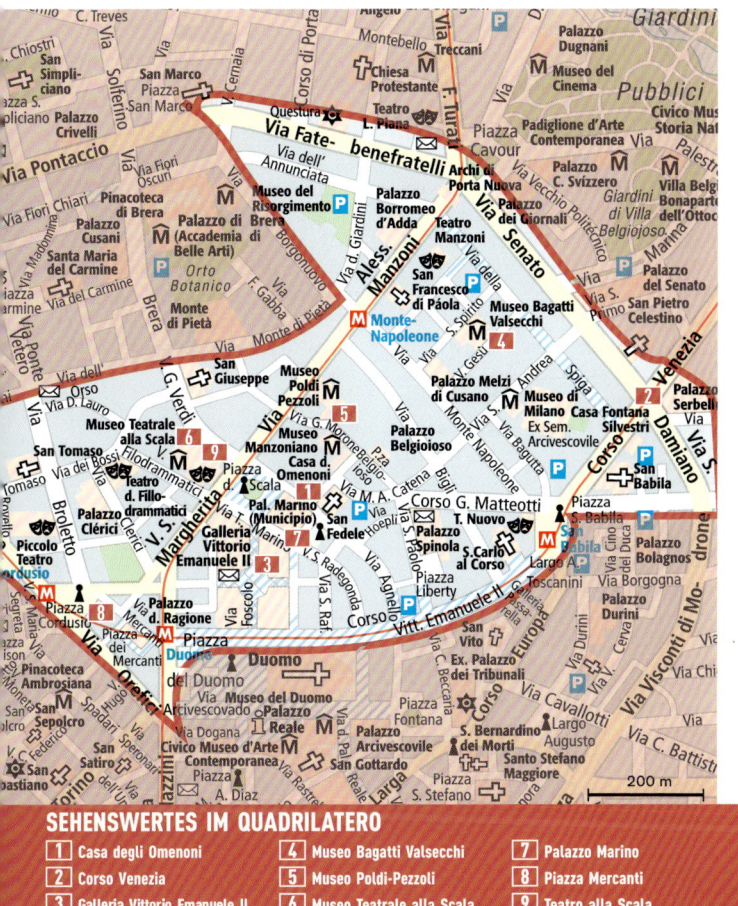

SEHENSWERTES IM QUADRILATERO

1 Casa degli Omenoni	**4** Museo Bagatti Valsecchi	**7** Palazzo Marino
2 Corso Venezia	**5** Museo Poldi-Pezzoli	**8** Piazza Mercanti
3 Galleria Vittorio Emanuele II	**6** Museo Teatrale alla Scala	**9** Teatro alla Scala

tik entscheidend verbessert, und an den Rücken der Stühle sind Displays angebracht, auf denen man das Libretto in verschiedenen Sprachen verfolgen kann. Ein neues Bühnenhaus bietet zudem die Möglichkeit, drei Inszenierungen parallel vorzubereiten, und auf den Verwaltungstrakt

aus dem 19. Jh. setzte der Tessiner Architekt einen umstrittenen ellipsenförmigen Aufbau.

Über Besichtigungen informiert die Scala unter *Tel. 02 88 79 1* oder auf der Website *www.teatroallascala.org*. *Piazza della Scala | Metro: M 1, M 3 Duomo*

GARIBALDI, SEMPIONE & BRERA

> Mächtig bewacht das in der Renaissance errichtete Castello Sforzesco den Eingang zum Parco Sempione, Mailands grüner Oase. In seinen Cafés und Bars oder einfach so, die nackten Füße ins Gras gestreckt, erholen sich hier die Mailänder vom Staub der großen Stadt und lassen sich auch nicht die Laune verderben, wenn der fünfte Bauchladenverkäufer mit seinem Tand daherkommt. Ein gelassenes Abwinken reicht.

Um den Park herum, am verkehrsberuhigten Corso Garibaldi und im hübschen, mit faustgroßen Kieseln gepflasterten Brera-Viertel, finden sich Kunstgalerien und Antiquariate; hier konzentrieren sich die originellen Boutiquen, nach denen man in Mailand sonst oft vergeblich Ausschau

hält. In den Straßencafés trifft man Studenten der Kunstakademie im Palazzo der Pinacoteca di Brera und Redakteure des Corriere della Sera, Italiens größter Tageszeitung, die in der Via Solferino ihren Sitz hat.

Der Platz um den Arco della Pace am Ende des Parco Sempione hat sich zu einem beliebten Treffpunkt für Aperitif- und Cocktailgenießer gemausert: Die Preise sind, verglichen mit der schicken Barmeile Corso Como weiter nördlich, zurückhaltend – noch.

◼1 ARCO DELLA PACE   [123 D4]

Auf dem „Friedensbogen" thront die Siegesgöttin, weil er – 1807 von Luigi Cagnola im neoklassizistischen Stil gebaut – ursprünglich als Triumphbogen für die Erfolge Napoleons werben sollte. Später verewigten sich hier zunächst die Österreicher und dann die Piemontesen als Einiger Italiens. *Piazza Sempione | Tram 29, 30*

Im Nordwesten des Parco Sempione steht der Triumphbogen Arco della Pace

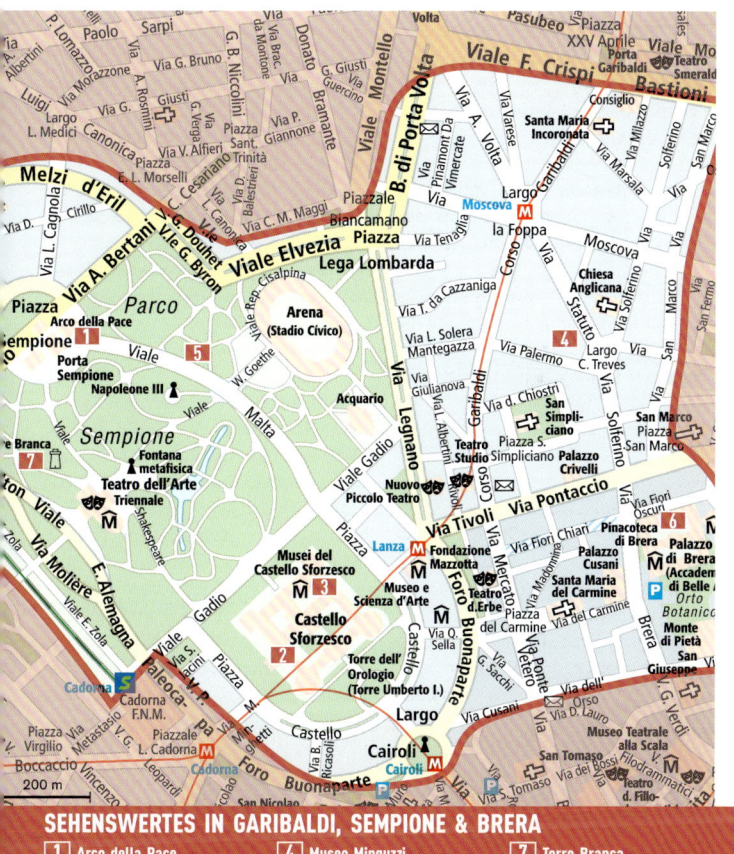

SEHENSWERTES IN GARIBALDI, SEMPIONE & BRERA

1 Arco della Pace
2 Castello Sforzesco
3 Musei del Castello
4 Museo Minguzzi
5 Parco Sempione
6 Pinacoteca di Brera
7 Torre Branca

2 **CASTELLO SFORZESCO** ⭐ [120 B2]

Die Burg der Herrscherfamilien Mailands (zuerst die Visconti, dann die Sforza) entstand, um Sicherheit vor den eigenen Untertanen zu geben – und nicht etwa, um die Stadt vor äußeren Feinden zu schützen. Ab 1368 wurde ein erstes Kastell an der Stadtmauer errichtet. Ludovico il Moro ließ es Ende des 15. Jhs. mit schlossähnlichen, repräsentativen Gebäuden u. a. von Bramante und Leonardo ausbauen. Die Anlage wurde Vorbild für den Bau des Kremls, der ab 1485 in Moskau von italienischen Künstlern errichtet wurde. Unter Spaniern und Österreichern diente das Castello weiterhin als Residenz und Zitadelle; von hier aus ließ General Radetzky während der Märzaufstände 1848 die Stadt beschießen.

Eine Restaurierung des späten 19. Jhs. verfälscht durch die Betonung des höfischen Charakters die Geschichte der Burg. Der Turm über dem Eingangstor ist eine Nachbildung des 1521 zerstörten Turms, den der Renaissancebaumeister Filarete entworfen hatte. Im Inneren hinter dem Waffenhof liegen die Zugänge zu den Museumsanlagen *(s. folgender Eintrag). Tgl. 7–18, im Sommer bis 19 Uhr | Eintritt frei (Museen 3 Euro) | www.milanoca stello.it | Piazza del Castello | Metro: M 1 Cairoli, Cadorna, M 2 Cadorna, Lanza*

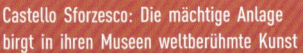

Castello Sforzesco: Die mächtige Anlage birgt in ihren Museen weltberühmte Kunst

■3 MUSEI DEL CASTELLO [120 B1–2]

Die Spannweite der unterschiedlichen Sammlungen ist atemraubend: Es gibt lombardische Skulpturen von der Spätantike bis zum Barock, norditalienische Malerei von den Anfängen bis zum 18. Jh., Wandteppiche, Möbel, Musikinstrumente, Waffen, Keramiken und Schmuck. Wer Zeit hat, sollte den Besuch auf mehrere Tage verteilen. Zu den Höhepunkten der Sammlung alter Kunst *(Civico Museo d'Arte Antica)* zählen das gotische Grabmonument von Bonino da Campione für Bernabò Visconti (um 1363), die von Leonardo ausgemalte Sala delle Asse, die die Illusion einer offenen Eichenlaube herstellen soll (1498), und Michelangelos unvollendete Skulptur Pietà Rondanini, an der der Künstler bis wenige Tage vor seinem Tod 1564 gearbeitet hat (Zugang alle 20 Minuten, je maximal 30 Besucher). In der *Pinakothek* finden Sie u. a. Andrea Mantegnas „Madonna mit Heiligen" (1497) und das „Bildnis des Giulio Zandemaria" von Correggio (1521). *Di–So 9 bis 17.30 Uhr | 3 Euro | Piazza Castello | Metro: M 1 Cairoli, M 2 Cadorna, Lanza*

Insider Tipp

4 MUSEO MINGUZZI [123 F4]

Das Museum, das sich der 1911 geborene Bildhauer Luciano Minguzzi eingerichtet hat, ist eine der vielen kleinen Überraschungen, die Mailand zu bieten hat. Es verbindet die Besichtigung eines typisch milanesischen Stadthauses im Breraviertel mit der Ausstellung von Arbeiten Minguzzis und denen seiner Künstlerfreunde. *Di–Fr 10–13 und 15–18 Uhr (wenn Tor geschl., bitte klingeln) | Eintritt frei | Via Palermo 11 | Metro: M 2 Moscova*

5 PARCO SEMPIONE ⭐ 📶 [123 D–E 4–5]

Der Landschaftsarchitekt Emilio Alemagna hat um 1890 auf dem Gelände hinter dem Castello Sforzesco diesen herrlichen Park angelegt: mit Denkmälern (u. a. für Napoleon III.), einer Brunnenanlage von Giorgio De Chirico ("Bagni Misteriosi"), Spielplätzen und einem kleinen See. Am nordöstlichen Rand nicht weit vom Arco della Pace liegt die von Antonio Canova erbaute klassizistische Arena – ein Sportstadion, in dem früher Inter und Milan ihre Spiele austrugen. Zugänge zum Park: Piazza Castello, Viale Alemagna, Piazza Sempione. *Tgl. 6.30–20, im Sommer bis 23 Uhr | Metro: M 1 Cairoli, M 2 Cadorna, Lanza*

6 PINACOTECA DI BRERA ⭐ [121 D1]

Der Palazzo di Brera, 1605 als Jesuitenkolleg begonnen, beherbergt heute eine Kunstakademie, eine Bibliothek und astronomische Einrichtungen. Außerdem erreicht man durch ihn einen kleinen botanischen Garten. Er ist aber vor allem wegen der berühmten staatlichen Pinakothek interessant. Sie wurde auf Anordnung der Kaiserin Maria Theresia Ende des 18. Jhs. gegründet. Inzwischen verfügt die Brera über rund 1300 Bilder (davon 460 in der Ausstellung) vom Mittelalter bis zur Moderne.

Nicht versäumen sollten Sie die "Pala Montefeltro" von Piero della Francesca (1475), den "Cristo morto", den Andrea Mantegna 1480 in extremer perspektivischer Sicht gemalt hat, und das "Marienverlöbnis" (1504) von Raffael. Im Hof des Palazzos ist eine Bronzestatue (1809) von Antonio Canova aufgestellt, die Napoleon Bonaparte als siegreichen

>LOW BUDGET

> Mit der Tramlinie 29 (und 30 – dieselbe Strecke in die andere Richtung) können Sie die Stadt ganz nach eigenem Fahrplan umrunden. Die Straßenbahn folgt von der Stazione Centrale [124 C1–2] aus dem alten spanischen Festungsgürtel: Zunächst geht es über die Piazza della Repubblica zur Porta Romana, dann über die Navigli zum Parco Sempione. Immer wieder lohnt sich das Aussteigen an Sehenswürdigkeiten oder in Shoppinggegenden, sodass sich eine Tageskarte zu 3 Euro empfiehlt.

> Die große Modeschöpferin Miuccia Prada leistet sich ein exklusives Hobby: zeitgenössische Kunst. Die Ausstellungen in der ▶▶ *Fondazione Prada* ([129 D3] | *www.fondazione prada.org* | *Via Fogazzaro 36 | Tram 16*) sind oft aufsehenerregend – und umsonst!

Apoll darstellt – nackt, wie Zeus ihn schuf. *Di–So 8.30–18.30 Uhr | 10 Euro | Vorbestellungen unter Tel. 02 72 26 31 | www.brera.beniculturali.it | Via Brera 28 | Metro: M 2 Lanza, M 3 Monte Napoleone, Tram 4, 12, 14*

7 **TORRE BRANCA** ☼   [123 D5]

Genau 108,6 m hoch ist der Turm am Eingang in den Parco Sempione, der 1933 anlässlich der Triennale in nur zweieinhalb Monaten nach Plänen des Architekten Giò Ponti errichtet wurde. Nach langer Restaurierungszeit kann man heute mit dem Fahrstuhl zu einer ==Aussichtskabine== fahren, von der Sie einen tollen Blick über die Stadt haben – bei garantiert gutem Wetter, denn andernfalls bleibt der Turm geschlossen. Eindrucksvoll sind auch die Aussichten auf das Lichtermeer bei den Abendöffnungen. *Mi 10.30–12.30 und 16–18.30, Sa 10.30–13, 15–18.30 und 20.30 bis 24, So 10.30–14 und 14.30–19, Mai bis Mitte Okt. außerdem Di–So 21.30 bis 24 und Fr 14.30–18 Uhr | 4 Euro | Viale Alemagna/Parco Sempione | Info zu Schließungen Tel. 023 31 41 20 | www.branca.it/torre/torre.asp | Metro: M 1, M 2 Cadorna, Bus 61*

Insider Tipp

MAGENTA & SANT'AMBROGIO

> **Mailands schönste Wohngegend – sagen die, die dort wohnen – beginnt am Corso Magenta, der vom Zentrum westwärts führt.** Hier findet sich eine der grünsten Zonen der Stadt. Verfolgen Sie die Mauern der Palazzi einmal nach oben: Saftige Büsche, vorstehende Bäumchenkronen und herabhängende Kletterpflanzen lassen erkennen, dass viele eine üppige Dachterrasse haben. Von außen wirken die stolzen Häuser oft zurückhaltend, manche gar abweisend – man behält die schönen Dinge eben gern für sich.

Treffen können Sie die Bewohner zum Beispiel in einem der ältesten Cafés Mailands, der ▸▸ *Pasticceria Marchesi* gleich am Anfang des Corso Magenta. Durch die Straßen streifend, werden Ihnen immer wieder Grüppchen von Studentinnen und Studenten der Università Cattolica begegnen, die in den verstreuten Palazzi rund um Sant'Ambrogio von Vorlesung zu Vorlesung eilen. Das Viertel hat viel zu bieten – unter

Pinacoteca di Brera: In drei Dutzend Sälen hängen weltberühmte Bilder

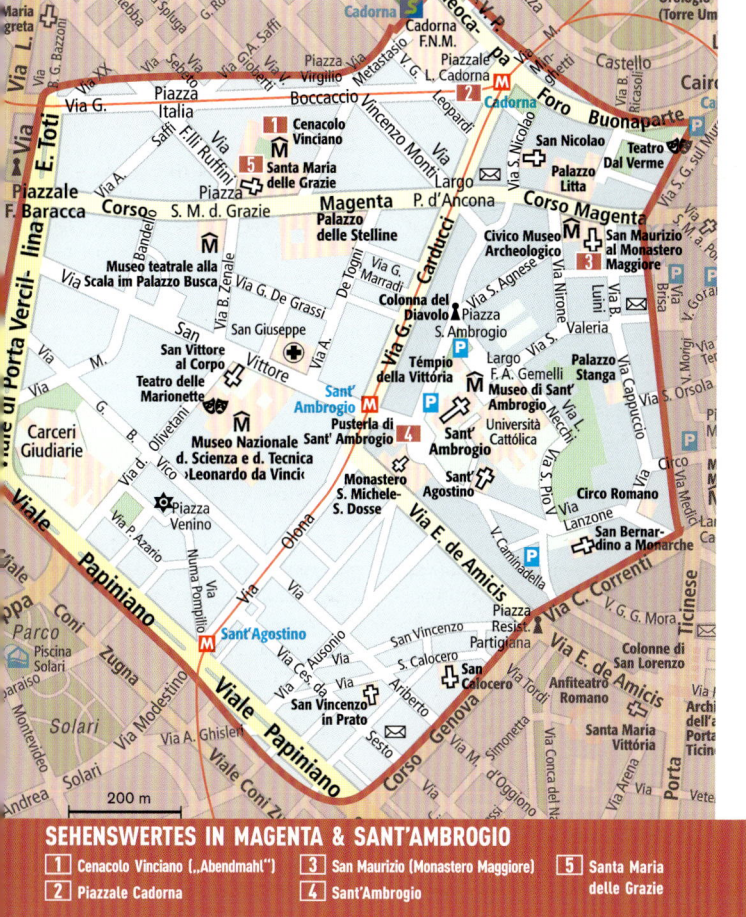

SEHENSWERTES IN MAGENTA & SANT'AMBROGIO

1 Cenacolo Vinciano („Abendmahl")
2 Piazzale Cadorna
3 San Maurizio (Monastero Maggiore)
4 Sant'Ambrogio
5 Santa Maria delle Grazie

anderem einen Höhepunkt der Kunstgeschichte: das „Abendmahl" von Leonardo da Vinci.

1 CENACOLO VINCIANO („ABENDMAHL") ★ [127 D1]

Um Leonardos weltberühmtes Wandgemälde „Abendmahl" („Cenacolo") in Augenschein zu nehmen, müssen Sie sich vorher anmelden (telefonisch oder via Internet). Dann dürfen Sie zusammen mit anderen rund 25 Personen für 15 Minuten das ehemalige Refektorium (Speisesaal) des Dominikanerklosters von Santa Maria delle Grazie betreten – nicht ohne zuvor mehrere Schleusen zu passieren, damit man möglichst wenig Verunreinigungen mit in den langen Saal bringt. Leonardo hat für das 1495–97 entstandende Bild genau den Augenblick des Abendmahls von Jesus mit seinen Jüngern gewählt, in dem Christus vorhersagt, dass ihn einer von den Jüngern verraten werde. Die Apostel, aufgelöst in Dreiergruppen, sind aufs Höchste bestürzt und erregt. Die großformatige, mit 4,2 m Höhe und 9,1 m Breite geradezu riesige Darstellung (bis dahin wurde das Thema eher auf kleineren Tafelbildern behandelt) schlug in die Kunstgeschichte ein wie die Breitwand in die Kinogeschichte. Das dramatische Spiel der Hände, die theatralische Anordnung wie auf einer Bühne und die (heute kaum noch nachzuvollziehende) Verschmelzung der Farben hatten das Bild sofort berühmt gemacht. Noch bevor Leonardo die Arbeiten abschließen konnte, zirkulierten bereits erste Stiche mit Kopien.

Der Künstler verwendete aus ästhetischen Gründen Temperafarben, die er auf den trockenen Verputz auftrug wie bei einem Tafelbild – und nicht mit der Freskotechnik in die noch feuchte Wand, bei der die Farben dann eintrocknen konnten und lange erhalten blieben. Bereits nach 20 Jahren war das Bild beschädigt. Zeitweilig wurde der Raum als Pferdestall genutzt und dann als Kaserne. Überschwemmungen und schwere Zerstörungen haben immer wieder Restauratoren auf den Plan gerufen, die manchmal sogar Details wie Bärte oder Tücher hinzufügten. Bei der jüngsten gründlichen Restaurierung, die von 1980 an fast 20 Jahre

gedauert hat, ist der möglichst originalgetreue Zustand des Bilds wieder hergestellt worden – und alle falschen Bärte wurden abgenommen.

Di–So 8.15–18.45 Uhr nach Anmeldung unter Tel. 02 92 80 03 60 oder www.cenacolovinciano.net | 8 Euro | Piazza Santa Maria delle Grazie 2 | Metro: M 1 Conciliazione, M 2 Cadorna, Tram 16

2 PIAZZALE CADORNA [120 A2–3]

Auf der Verkehrsinsel vor dem von Gae Aulenti verkleideten Vorstadtbahnhof Stazione Nord steht eine bemerkenswerte Popskulptur von Claes Oldenburg: eine überdimensionale Nadel mit Faden – passend zur Modestadt. *Metro: M 1, M 2 Cadorna*

3 SAN MAURIZIO (MONASTERO MAGGIORE) [120 B3]

Der Kirchenraum dieses hübschen Renaissancebaus (ab 1503) war in einen öffentlichen Teil und einen Teil für die in Klausur lebenden Benediktinerinnen getrennt. Beide heute zugänglichen Räume sind durch großartige Wandfresken von Bernardino Luini und seiner Werkstatt (1522 bis 1529) geschmückt. In der Kirche finden regelmäßig Konzerte statt, hier steht auch die älteste Orgel der Stadt, eine Antegnati von 1554. Nebenan im Klosterbereich ist jetzt das *Archäologische Museum (Di–So 9.30–17.30 Uhr | 2 Euro)* untergebracht. Im Untergeschoss und im Garten sind noch Teile der römischen Stadtmauer sichtbar. Neben vorzeitlichen Funden gibt es eine griechische, eine römische (mit großem Stadtmodell des antiken Mailand!) und eine etruskische Ab-

Inside Tipp

teilung. *Corso Magenta 15 | Tram 19, 24, Bus 50, 58*

4 SANT'AMBROGIO ⭐ [120 A4]

Die dreischiffige Kirche des Stadtpatrons Ambrosius erhebt sich über seinem Grab. Sie ist das wichtigste mittelalterliche Baudenkmal der Stadt und eine Art Prototyp vieler Kirchenbauten der lombardischen Romanik. Eine erste Kapelle *(San Vittorio in Ciel d'Oro) | 2 Euro | Zugang rechts neben dem Altar)* stammt aus dem Jahr 470, im Mosaikgewölbe sind Ambrosius und andere Heilige abge-

gleichsam atmen. *Mo–Sa 7–12 und 14.30–19, So 7–13 und 15–19 Uhr | Piazza Sant'Ambrogio | Metro: M 2 Sant'Ambrogio, Bus 50, 58*

5 SANTA MARIA DELLE GRAZIE [127 D1]

Als Konkurrenz zu Sant'Eustorgio angelegtes zweites Dominikanerkloster, dessen Kirche man noch in spätgotischen Formen (Langhaus) zu bauen begann, bevor sie dann von Bramante ab 1492 (Kuppel, Chor und Kreuzgang) im schönsten Renaissancestil zu Ende geführt wurde. Gefördert von Ludovico il Moro, wirk-

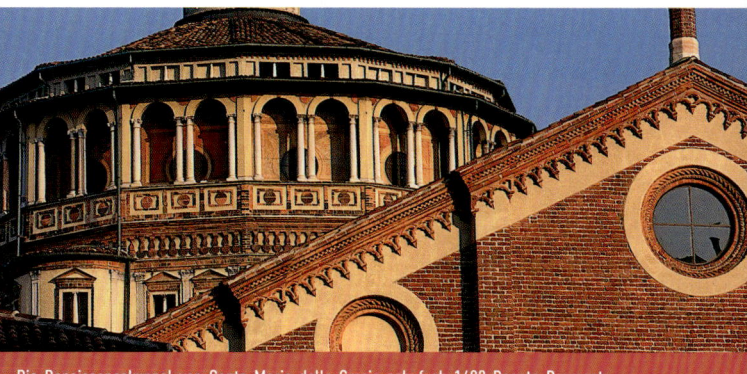

Die Renaissancekuppel von Santa Maria delle Grazie schuf ab 1492 Donato Bramante

bildet. Die heutige Kirche geht weitgehend auf das 12./13. Jh. zurück. Ein langer Streit zwischen Mönchen und Domherren um Altarnutzung und Läuterecht führte dazu, dass jede Partei einen eigenen Glockenturm bekam: Jener der Domherren (Campanile dei Canonici) aus dem 12. Jh. steht links, jener der Mönche (Campanile dei Monaci) aus dem 9. Jh. rechts. Im eindrucksvollen romanischen Vorhof kann man Geschichte

ten hier Ende des 15. Jhs. einige der bedeutendsten Künstler der Zeit, unter ihnen Leonardo da Vinci. Bramantes Kreuzgang mit dem kleinen Fröschebrunnen ist eine Oase der Ruhe. Nebenan im ehemaligen Klosterteil können Sie Leonardos weltberühmtes Wandbild „Abendmahl" besichtigen (nur nach Voranmeldung, s. vorn). *Piazza Santa Maria delle Grazie 2 | Metro: M 1 Conciliazione, M 2 Cadorna, Tram 16*

NAVIGLI

> Viel ist nicht mehr übrig vom Kanalsystem, das einst die Stadt umschloss. Zwei *navigli* aber gibt es noch, nach ihnen ist das Viertel im Süden der Stadt benannt. Die ⭐ *navigli* (Wasserstraßen), die von den Flüssen Seveso, Lambro und Nirone gespeist werden, führten bis zum Anfang des 20. Jhs. weit ins Zentrum der Stadt. Romantisch ist ein Spaziergang entlang der Kanäle, ein Blick von den Fußgängerbrücken den Ausflugsbooten hinterher, die im Sommer Richtung Süden oder, der untergehenden Sonne entgegen, nach Westen schippern. Am Abend steht ein buntes Publikum aus allen Generationen mit einem Weinglas in der Hand zum Aperitif an der Brüstung zum Kanal, sitzt in den zahlreichen Restaurants, die sich guter Küche und nicht dem Nepp verschrieben haben, später am Abend tanzt die Jugend in dem Viertel.

Künstler und Bohemiens bewohnten die Häuser am Wasser mit den langen Innenhöfen noch vor 15, 20 Jahren, bevor sie das Feld den Bars, Restaurants und Clubs überließen. Die Kreativen von heute haben die ▶▶ Gegend hinter dem Bahnhof Porta Genova für sich entdeckt, nur einen Steinwurf vom Naviglio Grande entfernt.

■ **NAVIGLIO GRANDE**   [127 D4]
Der Naviglio Grande verbindet Mailand mit dem Oberlauf des Ticino und mit dem Lago Maggiore. Im 12. Jh. begonnen, ließ man auf ihm Waren aller Art transportieren, vor allem Baumaterialien, u. a. den Marmor für den Dom. Heute kann man die Uferstraßen ideal für Fahrradausflüge nutzen. Besonders am Kopfende fin-

Cafés und Kneipen, Clubs und Restaurants: An den Navigli herrscht tags wie abends Leben

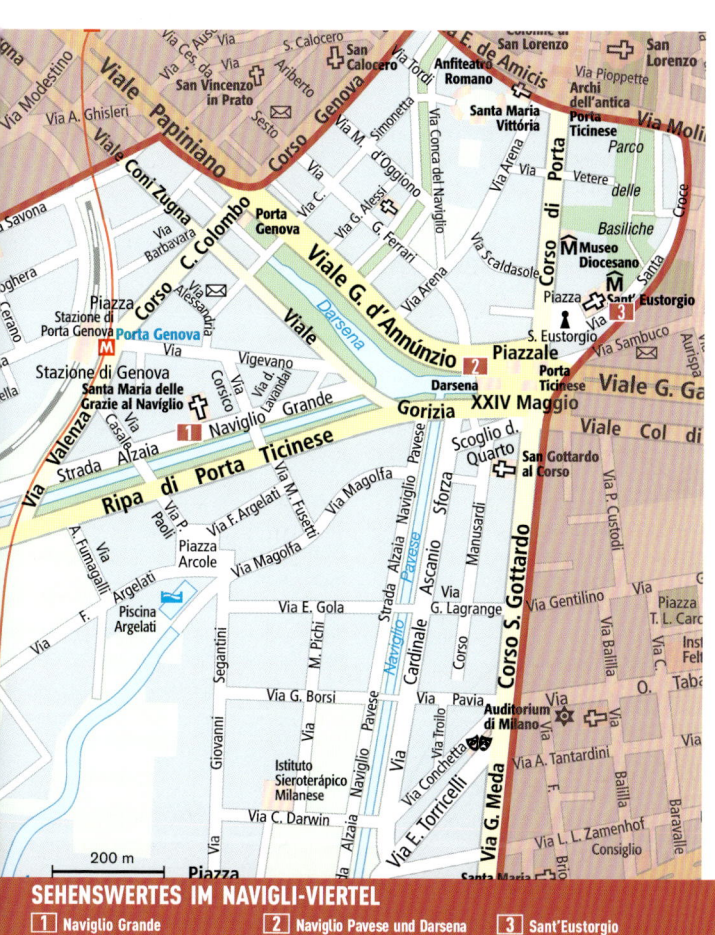

den sich noch schöne alte Bebauungen, zum Beispiel Reste einer öffentlichen Waschanlage im Vicolo dei Lavandai. Am letzten Sonntag im Monat (außer Juli/August) breitet sich längs der Uferstraßen ein großer Antiquitäten- und Trödelmarkt aus. Über Bootsfahrten, die im Sommer gelegentlich angeboten werden, informiert die Touristeninformation. *Metro: M 2 Porta Genova, Tram 3, 15, 29, 30*

2 **NAVIGLIO PAVESE UND DARSENA**   [127 D–E 4–5]
Dieser Kanal wurde bereits im 4. Jh. geplant. Er stellt die Verbindung nach

Pavia und zum Unterlauf des Ticino her. In der Darsena, einem ehemaligen Hafenbecken aus dem 17. Jh., fließen Naviglio Pavese und Naviglio Grande zusammen. *Metro: M 2 Porta Genova, Tram 3, 15, 29, 30*

3 SANT'EUSTORGIO [127 E4]

Die Dominikanerkirche, eine der ältesten Kirchen Mailands, hat weitgehend ihre Gestalt aus dem 11. Jh. bewahrt, nur die Fassade ist eine moderne Nachempfindung. Der knapp 80 m hohe Glockenturm ist der höchste der Stadt. Im Inneren ein Sarkophag, in dem angeblich die Gebeine der Hl. Drei Könige aufbewahrt worden waren, bevor sie unter Barbarossa nach Köln entführt wurden. 1903 kam ein Teil der Reliquien wieder zurück; sie werden jedes Jahr am Dreikönigstag in einer Prozession mitgeführt. Links neben dem Portal ist der Zugang zur *Insider Tipp* *Portinari-Kapelle (Di–Sa 10–18 Uhr | 6 Euro).* Sie wurde über dem Grab des hl. Petrus Martyr um 1468 von Michelozzo in den Formen der toskanischen Renaissance gebaut. *Piazza Sant'Eustorgio | Tram 3, 29, 30*

AUSSERDEM SEHENSWERT

Insider Tipp **CASA DI RIPOSO PER MUSICISTI** [122 A5]

Das Altersheim für Sänger und Musiker geht auf eine Stiftung von Giuseppe Verdi (1813–1901) zurück, der zusammen mit seiner zweiten Frau Giuseppina Strepponi in einer Krypta im Innenhof begraben liegt. Heute wohnen hier rund 50 Pensionäre zusammen – auch das eine Idee

Verdis – mit einigen jungen Stipendiaten des Konservatoriums. *Zugang zur Krypta meist Mo–Fr 9–12 und 15 bis 17 Uhr (in der Portineria fragen) | Eintritt frei | Piazza Buonarroti | Metro: M 1 Buonarroti*

CIMITERO MONUMENTALE [123 D–E 1–2] *Insider Tipp*

Herzstück des ab 1866 im eklektischen Stil der Zeit angelegten Monumentalfriedhofs ist ein *famedio* (Ruhmeshalle), um an bedeutende Mailänder und berühmte Gäste zu erinnern. Hier stehen Grabmonumente u. a. vom Schriftsteller Alessandro Manzoni und vom Lyriker Salvatore Quasimodo. In der Krypta liegt der Maler Francesco Hayez begraben, Büsten erinnern an Giuseppe Garibaldi, Giuseppe Verdi, Camillo Cavour. Auf dem Friedhofsgelände verteilen sich Grabanlagen und Kapellen wohlhabender Familien. *Di–So 8.30 bis 17.15, im Sommer bis 18 Uhr | Piazzale Cimitero Monumentale | Tram 14, 29, 30*

MONZA [130 C3]

Die Stadt (120 000 Ew.) am nördlichen Rand von Mailand, seit 2008 Hauptort einer eigenen Provinz, war früher Residenz der langobardischen Könige. Wichtigstes Baudenkmal ist der gotische *Dom*, in dem die berühmte eiserne Krone der Langobarden aufbewahrt wird, mit der bis Napoleon alle italienischen Könige gekrönt wurden. Giuseppe Piermarini baute um 1780 am Rand von Monza die *Villa Reale,* ein Sommerschloss für die österreichischen Statthalter der Lombardei. Die dazugehörige riesige *Parkanlage (tgl. 8 Uhr–Sonnenunter-*

gang | Eintritt frei | im Park Fahrrad-
verleih) ist ein beliebtes Ausflugsziel.
Am Rand des Parks liegt das *Auto-
drom,* wo Autorennen ausgetragen
werden. An manchen rennfreien Tagen kann man mit dem eigenen
Wagen einige Runden drehen *(30
Min. 40 Euro | Tel. 03 92 48 21 | www.
monzanet.it).*

Auskunft: *Palazzo Comunale |
Piazza Carducci | Tel. 039 32 32 22 |
www.comune.monza.mi.it*

PIRELLI-HOCHHAUS   [124 C2]

Das Symbol der Mailänder Moder-
nität wurde von Giò Ponti und anderen 1955–59 in seinen eleganten Formen ursprünglich als Verwaltungssitz
für die Reifenfirma Pirelli errichtet.
Seit 1979 residiert hier die Regional-
verwaltung der Lombardei. Mit einer
Höhe von 127 m ist es das erste Mailänder Gebäude, das die Madonnina
auf dem Dom (108 m), die bis dahin
als Höhenmaß aller Bauten galt, über-
ragte. *Piazza Duca D'Aosta/Via Filzi
5 | Metro: M 2, M 3 Centrale*

STAZIONE CENTRALE   [124 C1–2]

Der Hauptbahnhof der Stadt aus
Marmor erhebt sich wie ein Steinge-
birge 207 m breit und 36 m hoch am
Ende der Via Pisani. Er war bereits
vor dem Ersten Weltkrieg geplant,
wurde aber erst Anfang der Dreißiger-
jahre des 20. Jhs. in den müden Formen eines späten Jugendstils fertig-
gestellt. Die Stazione Centrale war
von Anfang an nicht recht funktional,
und deshalb baut man (vor allem im
Inneren) ohne Unterlass an ihr herum.
Im Bahnhof finden Sie u. a. zwei bis
23 Uhr geöffnete Supermärkte, eine
24 Stunden geöffnete Apotheke und

Mailands erster *grattacielo:*
das 127 m hohe Pirelli-Hochhaus

ein Büro der Touristeninformation.
*Piazza Duca d'Aosta | Metro: M 2,
M 3 Centrale*

> # VOM RISOTTO MILANESE BIS ZUR ETHNOKÜCHE

Lombardische Wintereintöpfe oder japanisch-leichte Sommerküche? Auch die kulinarischen Moden wechseln schnell in Mailand

> **Eine Stadt, die immer in Bewegung ist, kommt auch beim Essen nicht richtig zur Ruhe. Kaum ist ein Lokal angesagt, ist schon wieder ein anderes in Mode.**
An Auswahl vom Gourmettempel bis zur Pizzeria ist kein Mangel, das Problem mit der Küche in Mailand sind – ähnlich wie beim Übernachten – die Preise. Es ist richtig teuer, traditionell essen zu gehen. Antipasto, *primo* (Pasta, Reis oder Suppe), *secondo* (Fleisch- oder Fischhauptgang)

mit *contorno* (Beilage), *dolce* (Dessert) und/oder *formaggio* (Käse), eine gute Flasche Wein soll nicht fehlen, die *mancia* (Trinkgeld) kommt noch dazu und *pane e coperto* (Brot und Gedeck) sowieso – und schon ist man zu zweit leicht 80, 90 Euro los.

Wer aufs Geld und/oder die Linie achten muss, darf den einen oder anderen Gang überspringen, was heute kein Wirt mehr übel nimmt (ein *primo* oder ein *secondo* sollte aber

Bild: Ristorante La Brisa

ESSEN & TRINKEN

schon dabei sein). Einige Restaurants bieten inzwischen mittags große Salate oder einen *piatto unico* an, ein Ein-Gang-Tagesmenü. Der offene, preiswertere Hauswein *(vino della casa)* schmeckt im Normalfall gut dazu. In vielen Bars gibt es zur Mittagszeit reichhaltige Angebote an belegten Brötchen (3–4 Euro), Salaten (4–5 Euro), schmackhaften *primi* (ab 5 Euro). Die Angestellten aus den Büros essen inzwischen fast alle so.

Wer sparen will, setzt sich in eine Pizzeria (abends) oder geht in eine der traditionellen *latterie* (mittags), wo man sie noch findet. Dabei handelt es sich um Milchläden, die auch warme und kalte Speisen anbieten.

Die Qualität der Küche nimmt zu (und die Preise ab), wenn Sie sich etwas vom Zentrum entfernen. Interessante, lebhafte Viertel mit vielen Restaurants und Kneipen sind die Navigli *(Piazza XXIV Maggio)*, um die Porta Ticinese *(Piazza Vetra)*, Brera *(Via Madonnina)*, Isola *(Piazzale Archinto)*, außerdem die Gegend um den *Corso Garibaldi/Corso Como* (Infos über *www.milanotonight. it)*. Im August machen viele Bars und Restaurants zwei bis drei Wochen Ferien.

Gegessen wird, wie in Italien üblich, mittags zwischen 12.30 und 14.30 nen Kaffee, abends für Drinks und Musik – schließlich stört man hier keine Nachbarn. *Im Sommer tgl. | Viale Enrico Ibsen 4 | Metro: M 2 Lanza*

CHIOSCO DI PIPPO [124 B4]

Bar mit *panini*, Salaten und einfachen *primi*. Man sitzt ruhig und kinderfreundlich unter Sonnenschirmen in

Nicht nur die Redaktion vom Corriere della Sera gegenüber schätzt das L'Angolo della Moscova

und abends zwischen 19.30 und 22.30 Uhr. Wer später essen will, muss oft etwas länger suchen. In den gehobenen Klassen sollten Sie grundsätzlich reservieren, wer sichergehen will, tut dies auch bei einfacheren Lokalen.

■ BARS & CAFÉS

BAR BIANCO [123 E5]

Die Freiluftoase im Parco Sempione: für ein leichtes Mittagessen oder ei-

den Giardini Pubblici. *Sa geschl. | Nähe Via Moscova | Metro: M 3 Turati*

COVA [121 E3]

Elegant und traditionsreich: Seit 1817 gehen hier die eigenen Backwaren über den Tresen. Treffpunkt für Käufer in den umliegenden Nobelboutiquen. *So geschl. | Via Monte Napoleone 8 | Metro: M 1 San Babila*

ESSEN & TRINKEN

FIORAIO BIANCHI CAFÉ [124 A4]

Blumenladen und Bar – eine charmante Kombination. Mittags auch kleine Gerichte. *So geschl. | Piazza Mirabello 1 | Metro: M 2 Moscova*

Insider Tipp

BAR MARTINI ▶▶ [121 F3]

Mehr als eine Bar: „Il Martini" im Inneren des Herrenladens von Dolce & Gabbana ist Mailands Laufsteg und der erweiterte Besprechungsraum für seine Modemacher. Ganz in Rot und Schwarz, zum Aperitif gibt es edle Häppchen. *So geschl. | Corso Venezia 15 | Metro: M 1 San Babila*

SANT'AMBROEUS [121 E3]

Stilvolles Café mit erstklassigen Backwaren, klassischer Treffpunkt des bürgerlichen Mailand. *Tgl. | Corso Matteotti 7 | Metro: M 1 San Babila*

ZUCCA ⭐ [121 D3]

Im ersten Stock herrscht außer um die Mittagszeit die entspannte Atmosphäre eines Clubs. Die Gäste blättern in der Zeitung, man nippt am Campari oder wärmt sich mit Cappuccino. Durch große Fenster können Sie auf das Treiben in der Galleria hinunterblicken. Der Tresenraum im Erdgeschoss ist mit Jugendstilmosaiken geschmückt. Hier schenkte Davide Campari 1867 zum ersten Mal seinen Aperitif aus. *Mo geschl. | Galleria Vittorio Emanuele II/Piazza Duomo | Metro: M 1, M 3 Duomo*

■ EISDIELEN (GELATERIE) ■

Gelaterie öffnen meist von 11 bis 21 oder 22 Uhr.

L'ANGOLO DELLA MOSCOVA [124 A3]

Bar und Eisdiele gegenüber der Redaktion des Corriere della Sera. *Tgl. | Via della Moscova 29 | Metro: M 2 Moscova, M 3 Turati*

GROM [121 D3] *Insider Tipp*

Selten ohne Anstehen zu bekommen: das beste Eis der Stadt. Filialen u. a.

MARCO POLO HIGHLIGHTS

⭐ **Zucca**
Nach dem Bummel in der Galleria Vittorio Emanuele auf einen Drink in die Bar, wo der Campari erfunden wurde (Seite 49)

⭐ **Armani Nobu**
Armanis Japaner lockt Modemacher und Manager – Eleganz auf höchstem Niveau (Seite 51)

⭐ **Il Luogo di Aimo e Nadia**
Eine luxuriöse Offenbarung für den Gaumen – für Gourmets eines der Topziele Italiens (Seite 50)

⭐ **Osteria Grand Hotel**
Slow-Food-Spitzenküche zu angenehm verdaulichen Preisen (Seite 52)

⭐ **Osteria del Treno**
Mittags Eisenbahnerkantine, abends Slow-Food-Lokal (Seite 53)

⭐ **Giardino di Giada**
Frühlingsrollen für Genießer: der beste Chinese der Stadt (Seite 55)

⭐ **Risotto milanese**
Wo auch immer – ein Hochgenuss der Mailänder Küche (Seite 54)

am *Corso Buenos Aires 13 (*[125 D4] | *Metro: M 1 Porta Venezia). Tgl. | Via Santa Margherita 16 | Metro: M 1, M 2 Duomo*

LULÙ [128 C5]

Sizilianisches Eis, wie es besser nicht sein könnte. Hier gibt es abends auch kleine Gerichte (€). *Mo–Fr ab 18, Sa/So ab 11 Uhr | Via Piacenza 2 | Metro: M 3 Porta Romana*

MARGHERA [126 A1]

70 Sorten, darunter allein sechs verschiedene Schokoladenarten. *Tgl. | Via Marghera 33 | Metro: M 1 De Angeli*

IL MASSIMO DEL GELATO [122 C2]

Himmlisch, sogar die Eistüten auf die Hand haben hier Gourmetqualität. *Mo geschl. | Via Castelvetro 18 | Tram 12, 14*

> GOURMETTEMPEL
Fünf besonders edle Adressen für Feinschmecker

CRACCO [120 C4]

Carlo Cracco hat bei Alain Ducasse und bei Gualtiero Marchesi gelernt – und bald seinen eigenen, mit zwei Michelinsternen belohnten, entsprechend aufwendigen Stil gefunden. Aber selbst einfachste Gerichte wie ein *risotto alla milanese* geraten zur Köstlichkeit. *Sa-Mittag, Mo-Mittag und So geschl. | Via Hugo 4 | Tel. 02 87 67 74 | www.ristorantecracco.it | Metro: M 1, M 3 Duomo | ab 50 Euro*

IL LUOGO DI AIMO E NADIA ⭐ [0]

Eines der besten Restaurants Italiens, exzellente Auswahl aller Zutaten, ausgewogen von duftenden Vorspeisen wie der Paté aus Perlhuhnleber bis zum raffinierten *dolce,* einer Mousse mit Balsamessig. *Sa-Mittag und So geschl. | Via Montecuccoli 6 | Tel. 02 41 68 86 | www.aimoenadia.com | Metro: M 1 Bande Nere | ab 40 Euro*

SADLER [127 D6]

Man beginnt etwa mit einer Auswahl „italienischer Sushi" oder Jakobsmuscheln mit Kichererbsenpüree, dann vielleicht ein Steinbutt mit Kräutern und flüssiger Mozzarella, schließlich ein Schokoladenquartett mit Mangosauce. *Mittags und So geschl. | Via Ascanio Sforza 77 | Tel. 02 58 10 44 51 | www.sadler.it | Tram 15 | ab 40 Euro*

IL TEATRO DE L'HOTEL FOUR SEASONS [121 E2]

In einem der edelsten Hotels der Stadt mit Blick auf einen ehemaligen Klostergarten. Reiche Auswahl auch an vegetarischen Gerichten, Meeresfrüchte, schwarze *fettuccine* mit Knoblauch und Chili. *Mittags nur Brunch, So geschl. | Via Gesù 8 | Tel. 02 77 08 14 35 | www.fourseasons.com/milan | Metro: M 1 San Babila, M 3 Monte Napoleone | ab 40 Euro*

TRUSSARDI ALLA SCALA 🔊 [121 D3]

Chef Andrea Berton hat 2009 den zweiten Michelinstern für das Restaurant erobert. Im Erdgeschoss eine Bar, ☀ oben italienisch-internationale Spitzenküche mit faszinierendem Blick entweder auf die offene Küche oder die Piazza della Scala. *Sa-Mittag und So geschl. | Piazza della Scala 5 | Tel. 02 80 68 82 01 | www.trussardiallascala.com | Metro: M 1, M 3 Duomo | ab 40 Euro*

■ RESTAURANTS €€€

ARMANI NOBU ★ ▶▶ [121 E2]

Hervorragende japanische Küche in Armani-Ambiente, Treffpunkt von Managern, Models, Modemachern. *So-Mittag geschl. | Via Pisoni 1 | Tel. 02 62 31 26 45 | www.armanino bu.it | Metro: M 3 Monte Napoleone*

RISTORANTE LA BRISA [120 B3-4]

Von der Straße aus leicht zu übersehen, drinnen ein unkompliziertes Feinschmeckerlokal, im Sommer mit wunderbarem Garten. Mittags auch günstigere Menüs zum Festpreis. *So-Mittag und Sa geschl. | Via Brisa 15 | Tel. 02 86 45 05 21 | Metro: M 1 Cairoli*

DITIRAMBO CAFÉ [124 A1]

Reiche Auswahl auch an kleineren Speisen und ein gutes Preis-Leistungs-Verhältnis. *Sa-Mittag geschl. | Via Garigliano 12 | Tel. 02 69 00 69 55 | www.ditirambocafe.it | Tram 7, 11*

EMILIA E CARLO [120 C2]

Fein veredelte toskanische Küche, ein junger Küchenchef, ausgezeichnete Weinkarte und bemerkenswerter Service: Hier isst man ausgesprochen gut – und gern. *Sa-Mittag und So geschl. | Via Sacchi 8 | Tel. 02 86 21 00 | www. ristoranteemiliaecarlo.it | Metro: M 2 Lanza*

GIANNI E DORINA [123 F2]

Vielleicht das beste unter den toskanischen Lokalen Mailands – probieren Sie die wundervollen *primi,* z. B. Kastanienlasagne mit Ricotta. *Sa-Mittag und So geschl. | Via Pepe 38 | Tel. 02 60 63 40 | www.gianniedori na.com | Metro: M 2 Garibaldi*

Kühle Eleganz: Gourmetlokal Cracco

JOIA [124 C4] Insider Tipp

Feinschmeckertreffpunkt mit vegetarischen Höhepunkten (Dinkel-*tagliolini* mit Kressesauce), aber auch Fischmenü. *Sa-Mittag und So geschl. | Via Castaldi 18 | Tel. 02 29 52 21 24 | www. joia.it | Metro: M 1 Porta Venezia*

■ RESTAURANTS €€

EL BRELLIN [127 D2]

Ideal zum Aperitif am Naviglio oder zum ausgiebigen Sonntagsbrunch. In den hinteren Räumen kann man gepflegt zu Abend essen. *So-Abend ge-*

RESTAURANTS €€

schl. | Alzaia Naviglio Grande 14 | Tel. 02 58 10 13 51 | www.brellin.com | Metro: M 2 Porta Genova

OSTERIA GRAND HOTEL ⭐ [0]
Ein kleins Wunder in Mailand: Spitzenküche zu erträglichen Preisen in

IL LIBERTY ▶▶ [124 A3]
Szeniges Publikum, hoher Anspruch, gute Ergebnisse und noch moderate Preise. Sa-Mittag und So geschl. | Viale Monte Grappa 6 | Tel. 02 29 01 14 39 | www.il-liberty.it | Metro: M 2 Porta Garibaldi

Die Osteria di Via Pré liegt romantisch nahe dem Ufer des Naviglio Grande

diesem Slow-Food-Tempel. Tolle Käse, große Weine. Mo und außer So mittags geschl. | Via Ascanio Sforza 75 | Tel. 02 89 51 15 86 | Tram 3, Bus 90, 91

INNOCENTI EVASIONI [0]
Berühmt für phantasiereiche primi, immer gut besucht, am oberen Rand der Preisgruppe. Mittags sowie So/Mo geschl. | Via privata della Bindellina 1 | Tel. 02 33 00 18 82 | www.innocenti evasioni.com | Tram 14, 33

LUCCA [124 C4]
Pappardelle mit Entenragout, Wildschweinbraten oder ein saftiges Steak vom Rind: Liebhaber toskanischer Fleischgerichte kommen hier auf ihre Kosten. Tgl. | Via Panfilo Castaldi 33 | Tel. 02 29 52 66 68 | www.ristorante lucca.it | Metro: M 1 Porta Venezia

PONTE ROSSO [127 D5]
Es ist nicht arg viel Platz in dieser freundlichen Trattoria, reservieren empfiehlt sich also. Das Essen folgt

ESSEN & TRINKEN

meist dem Prinzip „Beste Zutaten, simpelste Zubereitung" – etwa wenn getrockneter Rogen über rohe Artischockenscheiben gebröselt wird. Ein Genuss! *Mo–Mittag und So geschl.* | *Ripa di Porta Ticinese 23 | Tel. 028 37 31 32 | Metro: M 2 Porta Genova*

TIMÈ   [123 F4]

Insider Tipp

Ein unkompliziertes Restaurant mit kleiner, häufig wechselnder Karte und vielen Stammgästen. Am besten sind die *primi*, oft neu interpretierte Klassiker. *Sa-Mittag und So geschl.* | *Via San Marco 5 | Tel. 02 29 06 20 51 | www.ristorantetime.it | Bus 61*

OSTERIA DEL TRENO ★ ▶▶   [124 C3]
Würste und Schinken aus ganz Italien, ein Feinschmeckerlokal der Slow-Food-Bewegung für (etwas) schmalere Brieftaschen. Mit Innenhof. *Tgl.* | *Via San Gregorio 46 | Tel. 026 70 04 79 | www.osteriadeltreno.it | Metro: M 3 Repubblica*

TRATTORIA TRINACRIA   [126 B4]
Sizilianische Küche, köstlich der gegrillte *pesce spada* (Schwertfisch). *Mittags und So geschl.* | *Via Savona 57 | Tel. 024 23 82 50 | Tram 14*

OSTERIA DI VIA PRÉ   [127 D4]
Insider Tipp
Ligurische Küche an den Navigli, exzellente, einfache Fischgerichte wie *branzino* im Salzmantel. *Tgl.* | *Via Casale 4 | Tel. 36 61 59 74 78 | www.viapre.it | Metro: M 2 Porta Genova*

■ RESTAURANTS €
L'ANGOLO D'ABRUZZO   [125 D5]
Sympathischer Familienbetrieb, Küche aus den Abruzzen. *So-Abend und che uns einem der Abruzzen. So-Abend und*

Mo geschl. | *Via Pilo 20 | Tel. 02 29 40 65 26 | Metro: M 1 Porta Venezia*

LATTERIA CARLON   [124 C5]
Tradition seit 1835, urig, Spezialität *cassoeula*. *Sa/So geschl.* | *Via Salvini 2 | Metro: M 1 Palestro*

TRATTORIA L'INCORONATA   [123 F3]
Kleine, oft wechselnde Karte je nachdem, was der Markt am Morgen hergibt. *Tgl.* | *Corso Garibaldi 127 | Tel. 026 57 06 51 | Metro: M 2 Moscova*

>LOW BUDGET

▸ Wenn Sie mittags essen gehen statt abends, bieten viele gute Restaurants günstige Menüs an. Z. B. gibt es im *Il Verdi* (*[124 A4] | Sa-Mittag und So geschl. | Piazza Mirabello 5 | Tel. 026 59 07 97 | Metro: M 3 Turati*) für 18,50 Euro zwei Gänge und ein Viertel Wein. Rustikaler und günstiger ist die nur mittags geöffnete *Bottigleria da Pino* (*[121 F3–4] | So geschl. | Via Cerva 14 | Tel. 02 76 00 05 32 | Metro: M 1 San Babila*).

▸ Für den schnellen Hunger können Sie sich auch den Heerscharen der Büromenschen anschließen. Auch die müssen essen und tun es oft in einem der zahlreichen ordentlichen und günstigen Selbstbedienungsrestaurants, z. B. *Farina e Pomodoro* [124 B4] | *Sa/So geschl.* | *Via Turati 7 | Metro: M 3 Turati*.

▸ Wenn es nicht ums Hinsetzen und Ausruhen geht – trinken Sie Ihren Kaffee im Stehen, kaufen Sie das Eis zum Mitnehmen: Sie zahlen immer erheblich weniger als am Tisch!

Insider Tipp

OSTERIA DELLA LANTERNA [128 A4]

Ein wenig Italienisch sollten Sie verstehen, wenn Sie hierherkommen. Denn Speisekarte gibt es keine, die Wirtin verrät mündlich, was sie im Angebot hat – man kann allerdings ohnehin kaum danebenliegen bei der guten Hausmannskost aus Mailand und der Lombardei. *Sa-Mittag und So geschl. | Via G. Mercalli 3 | Tel. 02 58 30 96 04 | Tram 15, Bus 94*

LUINI PANZEROTTI [121 E3]

Wenn es mal schnell gehen soll: Italienisches Fast-Food-Lokal in Domnähe. *Tgl. | Via Santa Radegonda 16 | Metro: M 1, M 3 Duomo*

LATTERIA NOI DUE [127 E4]

Hier bekommen Sie gute vegetarische Küche – und keine alkoholischen Getränke. *So geschl. | Viale Col di Lana 1 | Tram 29, 30*

> SPEZIALITÄTEN

Genießen Sie die typisch milanesische Küche!

amaretti – kleine, runde Mandelkekse

bresaola – mariniertes, getrocknetes Rindfleisch, hauchdünn aufgeschnitten

busecca – Kutteleintopf mit Bohnen

cassoeula – Eintopf aus Schweinefleisch, fetten Würstchen und Wirsing, wird mit Polenta (Maisgrießbrei) serviert

co(s)toletta milanese – paniertes Kalbsschnitzel oder -kotelett

gnervitt (nervetti) – Kalbsknorpel mit Öl, Essig und Zwiebeln, ein typisches Antipasto

grana – lombardische Variante des *parmigiano*-Käses

mascarpone – vollfetter, sehr sahniger Frischkäse, ideal für Desserts

minestrone alla milanese – Gemüsesuppe mit Reis und gerösteten Brotwürfeln

ossobuco – geschmorte Kalbshaxe in Scheiben

panettone – der weihnachtliche Hefekuchen mit Rosinen und Orangeat stammt ursprünglich aus Mailand

(pesce) persico – Barsch, z. B. frittiert, Spezialität vom Comer See

pizzoccheri – kurze, breite Bandnudeln aus Buchweizenmehl mit Wirsing und Kartoffeln, Spezialität aus der Valtellina

risotto milanese – ⭐ körniger Reis aus dem Mailänder Umland (beste Sorten: Arborio, Vialone oder Carnaroli), mit Zwiebeln und Butter angedünstet und mit Safran und Fleischbrühe geköchelt, zum Schluss mit Parmesan bestreut – ein Hochgenuss (Foto)

taleggio – aromatischer Weichkäse aus den lombardischen Bergen

tortelli di zucca – mit Kürbis gefüllte Teigtäschchen, Spezialität aus Mantua

zuppa pavese – Fleischbrühe mit gerösteten Brotscheiben und Ei

gremolata – würzige Sauce aus Kräutern, Knoblauch und Zitronenschale, beliebt zum *ossobuco*

ESSEN & TRINKEN

◼ PIZZERIEN ◼

PIZZA OK [122 A6]
Groß ist die Pizza hier und schön dünn. Eine Filiale ist in der *Via Lambro 15 (*[125 D4] *| So-Mittag geschl. | Tel. 02 29 40 12 72 | Metro: M 1 Porta Venezia). So-Mittag und Mo geschl. | Via San Siro 9 | Tel. 02 48 01 71 32 | Metro: M 1 Wagner*

PREMIATA PIZZERIA [127 D4]
Junges Publikum, im Sommer sitzt man im Hof. *Di-Mittag geschl. | Alzaia Naviglio Grande 2 | Tel. 02 89 40 06 48 | Metro: M 2 Porta Genova*

RINO VECCHIA NAPOLI [0]
Pizza wie in Neapel. *So-Mittag und Mo geschl. | Via Chavez 4 | Tel. 022 61 90 56 | Bus 56*

SUPER PIZZA [128 B5]
41 Pizzasorten, aber nur zehn Tische. *So-Mittag und Mo geschl. | Viale Sabotino 4 | Tel. 02 58 32 04 10 | Metro: M 3 Porta Romana*

◼ INTERNATIONALE KÜCHE ◼

BUSSARAKHAM [126 C4]
Thailändische Küche nahe den Navigli. *Mo-Mittag und Di-Mittag geschl. | Via Valenza 13 | Tel. 02 89 42 24 15 | Metro: M 2 Porta Genova | €€*

CARIBE [0]
Karibische Küche, abends manchmal Livemusik. *Tgl. | Via Bessarione 30 | Tel. 02 57 40 87 16 | Metro: M 3 Corvetto | €*

GIARDINO DI GIADA ⭐ [121 E4]
Weit über dem Niveau vieler anderer Chinesen. *Mo geschl. | Via Palazzo Reale 5 | Tel. 028 05 38 91 | Metro: M 1, M 3 Duomo | €€*

KISEN [120 B5]
Kleines, feines japanisches Lokal mit moderaten Preisen. *So-Mittag geschl.*

Thailand in Mailand: Bussarakham

| Via Mora 9 | Tel. 02 36 52 56 97 | www.kisensushi.com | Metro: M 2 Sant'Ambrogio | €

SUKRITY [124 C4]
Indische Küche (auch vegetarisch) und indische Weine; nebenan ein indischer Laden. *Tgl. | Via Castaldi 22 | Tel. 02 20 13 15 | Metro: M 1 Porta Venezia | €€*

> MODE UND DESIGN

Wo man in die schönsten Kleider schlüpft – Einkaufen in Mailand
macht einfach Spaß

> **In der Stadt der Mode und des Designs ist das Schaufensterbummeln, das Anprobieren, das Einkaufen ein reines Vergnügen.** Im ⭐ *Quadrilatero della Moda,* im „Viereck der Mode" oberhalb des Domplatzes, ist die Auswahl – und bisweilen auch das Preisgefüge – schier grenzenlos. Nicht einmal in New York findet man auf so kleinem Raum ein vergleichbares Angebot von Boutiquen, wo die besten Modeschöpfer der Welt ihre neuesten Kreationen offerieren. Die bekannteste Straße ist die Via Monte Napoleone. Armani und Ferragamo, Gucci und Prada, Valentino und Bottega Veneta stellen hier aus. Ihre Geschäfte und Boutiquen sind längst Erlebnisräume der höchsten Eleganz – wie auch die von Krizia oder Dolce & Gabbana in der Via della Spiga, Trussardi und Hermès in der Via Sant'Andrea, Jil Sander in der Via Verri – man kann unmöglich alle aufzählen.

Bild: Kaufhaus La Rinascente

EIN KAUFEN

Aber Mailand wäre nicht die bekannteste Einkaufsstadt Italiens, wenn es nicht noch mehr böte als das Luxusangebot dieses Viertels. Sie können Wochen damit zubringen, Märkte zu erkunden, nach Designerware Ausschau zu halten, die besten Delikatessadressen abzulaufen. Und natürlich bei den *stocchisti,* den meist kleinen, oft abgelegenen Läden, die *stocks* (Lagerware) bekannter und weniger bekannter Marken verkaufen, nach Restposten (vielleicht mit kleinen Fehlern) zu suchen.

Bekannte Einkaufsviertel finden Sie um den Corso Vittorio Emanuele II zwischen Dom und San Babila, um die Via Torino, beim Corso Buenos Aires zwischen Porta Venezia und Piazzale Loreto oder am Corso Vercelli. Kunst und Antiquitäten werden im Breraviertel angeboten.

Mailand ist eigentlich nur drei Mal im Jahr geschlossen: im August an

ANTIQUITÄTEN & ANTIQUARIATE

den Tagen um Ferragosto (15. August) herum sowie am 7./8. Dezember und an Weihnachten. Shopping ist bis 19.30/20 Uhr möglich (manchmal sogar etwas länger), am Sonntag haben Läden nur im Zentrum ge-

sich in der Via Pisacane anzusiedeln. In der Nr. 49 Ausstellungsräume *(Antichità Pisacane)* für (Verkaufs-)Ausstellungen von Antiquariaten aus ganz Italien. *Metro: M 1 Porta Venezia, Tram 23*

Ein Kaufhaus nur mit Lebens- und Genussmitteln, mit Leckerbissen und Delikatessen: Peck

öffnet, und besonders am Montagvormittag bleiben viele Rollläden unten. Während Kaufhäuser und Supermärkte häufig durchgehend geöffnet haben *(orario continuato)*, müssen Sie im Einzelhandel mit einer Mittagspause von 12.30 oder 13 bis 15.30 oder 16 Uhr rechnen.

■ ANTIQUITÄTEN & ANTIQUARIATE

IL BAZAR DEL NAVIGLIO GRANDE [127 D4]
(Porzellan-)Puppen, Marionetten und Spiele vergangener Zeiten. *Ripa di Porta Ticinese 27 | Metro: M 2 Porta Genova*

VIA PISACANE [121 D5–6]
Der Antiquar Francesco De Ruvo hat viele Kollegen überzeugen können,

■ BÜCHER & CDS ■

FELTRINELLI ⭐
Die größte italienische Buchhandelskette ist mehrfach in Mailand vertreten, u. a. am Domplatz im Keller der *Galleria Vittorio Emanuele II* [121 D3] zusammen mit *Ricordi CDs* (auch Noten) auf insgesamt 4000 m^2 *(Mo–Sa 9–22, So 10–20 Uhr | Metro: M 1, M 2 Duomo).* An der *Piazza Cavour* [121 E1] die Filiale *Feltrinelli International (Mo–Sa 9–19.30, So 10.30–13.30 und 15.30–19 Uhr | www.lafeltrinelli.it | Metro: M 3 Turati, Tram 2)* mit fremdsprachigen Titeln und internationaler Presse.

LIBRERIA DELLE DONNE ▶▶ [125 D6]
Berühmter Buchladen der italienischen Frauenbewegung, auch als

Treffpunkt beliebt. *Via Calvi 29 | Tram 29, 30*

MONDADORI MULTICENTER 📶 [121 E3]

An verschiedenen Standorten in der Innenstadt (u. a. *Piazza Duomo 1 [121 D4]* und *Via Marghera 28 [126 A1]*) bietet Mondadori Musik, Filme, Bücher und Zeitschriften an. Drahtloses Internet ist in jeder Filiale verfügbar. Die größte, mit Café im Tiefgeschoss: *Galleria del Corso (Corso Vittorio Emanuele II) | Metro: M 1, M 3 Duomo*

Insider Tipp

IL TROVATORE [125 D5]

Bücher über Musikgeschichte, Opern, z. T. antiquarisch, auch Noten, etwas für Sammler. *Via Poerio 3 | Bus 61*

■ DELIKATESSEN & WEIN ■

CASA DEL FUNGO E DEL TARTUFO [129 D2]

Pilze und Trüffeln das ganze Jahr über, frisch oder getrocknet aus Alba (Piemont) wie auch Norcia (Umbrien). *Via Anfossi 14 | Bus 84*

COTTI [124 A3]

Traditionshaus mit rund 1000 Weinen. Neben dem Laden gibt es den kleinen Ausschank La Chiusa. *Via Solferino 42 | Metro: M 2 Moscova*

LULA CIOCCOLATO [129 D1]

Schokolade und Pralinen aus Frankreich, Italien und aus eigener Produktion, und wunderschön verpackt noch dazu: ein Fest allein schon für die Augen. *Via Fiamma 17 | Tram 12, 27*

PECK ⭐ [120 C4]

Eine gastronomische Offenbarung auf mehreren Etagen: Pasta und Käse, Marmelade und Wein, Obst und Fleisch, Exotisches und Ausgefallenes. Wer Peck nicht gesehen hat, kennt Mailand nicht. *Via Spadari 9 | www.peck.it | Metro: M 1, M 3 Duomo*

RONCHI [127 D3]

Phantastische Weinhandlung mit rund 3000 Positionen. Die Besitzerin Maria Luisa Ronchi ist eine der ersten

MARCO POLO HIGHLIGHTS

⭐ **Quadrilatero della Moda**
Das mondäne Viereck der Mode
(Seite 56)

⭐ **Feltrinelli**
Erlebnisräume mit Büchern und Musik
(Seite 58)

⭐ **Peck**
Wo Mailand durch den Magen geht
(Seite 59)

⭐ **Artemide**
Schöner kann Licht nicht scheinen
(Seite 60)

⭐ **Armani**
Das Haus der absoluten Eleganz
(Seite 61)

⭐ **La Rinascente**
Ein Kaufhaus mit acht Stockwerken Stil
(Seite 61)

⭐ **Mercatone del Naviglio Grande**
Antiquitäten und Flöhe am Kanalufer
(Seite 62)

⭐ **Trussardi**
Lederwaren für höchste Ansprüche
(Seite 63)

weiblichen Sommelièren in Italien. Durch ein abschreckendes Gitter (man muss klingeln) versucht sie sich vor Laufkundschaft zu schützen. *Weinprobe Mo–Fr ab 18 Uhr und Sa den ganzen Tag | Via San Vincenzo 12 | www.volendo.com | Tram 14*

Kautschuk, Plastik, Gummi: Bei Moroni Gomma wird der Kunststoff zum Kunst-Stoff

■ DESIGN ■

ARTEMIDE ★ [121 F3]

Die Leuchten der großen Meister. *Corso Monforte 19 | Metro: M 1 San Babila*

GALLERIA MK ▶▶ [123 F2–3] *Inside Tipp*

Glas, Lampen, berühmte Designobjekte – sogar andere Mailänder Galeristen kaufen hier, bei der Konkurrenz, ein. *Via Pietro Maroncelli 2 | Metro: M 2 Porta Garibaldi*

MORONI GOMMA [121 E3] *Inside Tipp*

Aus Gummi, Plastik und Leichtmetall: Schräges und Nützliches, Objekte, Möbel, Geräte, Accessoires. *Corso Matteotti 14 | Metro: M 1 San Babila*

■ GESCHENKE, DIES & DAS ■

G. LORENZI [121 E2]

Austernmesser, Nagelbürsten, Mokkamaschinen, Parmesanhobel und Rasierpinsel sind nur einige der edlen Kleinigkeiten und Accessoires, die es bei Lorenzi zu entdecken gibt. *Via Monte Napoleone 9 | Metro: M 3 Monte Napoleone*

PETTINAROLI [121 D3] *Inside Tipp*

Historische Stadtpläne und Landkarten – und schon seit 1881 *die* Mailänder Adresse für geschmackvolle Brief- und Visitenkarten. *Piazza San*

▶ CHINATOWN ALL'ITALIANA

Rund 20 000 Chinesen verbreiten fernöstliches Flair

Sie verkaufen Tücher und Spielsachen am Hauptbahnhof, in der Galleria oder auf dem Domplatz: Es sind vielleicht 20 000 Chinesen, die Mailand auch kulinarisch manchmal ein fernöstliches Flair geben. Anfang der Zwanzigerjahre hatten sich in der weltoffenen Handelsstadt erste chinesische Händler angesiedelt. Ein Verwandter zog den anderen nach, eine Familie die nächste. Und es werden immer mehr. Die meisten leben in der Chinatown um die Via Paolo Sarpi am Nordrand der Innenstadt. „Canton Trading" und „Shunda Trading" bieten da Billigware vom Spielzeug bis zur Handtasche feil. Bei Ting Sin gibt es Lederwaren aller Art, bei Ju Fa kann man Orientreisen buchen. Inzwischen hat sich eine weitere kleine Chinatown beim Viale Monza gebildet.

Fedele 2 | Eingang Via T. Marino |
Metro: M 1, M 3 Duomo

SOLARIS [121 E3]

Sonnenbrillen von klassisch bis ver-
rückt, alle wichtigen Marken. *Corso
Vittorio Emanuele II 31 | Metro: M 1,
M 3 Duomo*

■ KAUFHÄUSER

ARMANI ⭐ [121 E2]

Ein Kaufhaus der besonderen Art:
Hier bekommen Sie Kleidung und
Elektronik, Möbel und Bücher
(Schwerpunkt Mode und Design),
Design und CDs. *Via Manzoni 31 |
Metro: M 3 Monte Napoleone*

LA RINASCENTE ⭐ [121 E3]

Edelkaufhaus auf sieben Etagen mit
🍴 Brunchrestaurant (Terrasse zum
Dom). Bekleidung, Parfümerie, Ac-
cessoires, Designhaushaltswaren.
*Piazza Duomo/Via Santa Radegonda
3 | Metro: M 1, M 3 Duomo*

■ KLEIDUNG & ACCESSOIRES I

ASPESI [121 E2]

In Mailand gern getragen, anderswo
oft noch weitgehend unbekannt: Alberto Aspesis Sportswear von ebenso
schlichter wie edler Eleganz. *Via
Monte Napoleone 13 | Metro: M 3
Monte Napoleone*

BOGGI [121 F3]

Herrenausstatter mit gut geschnitte-
nen Hemden und anderen Klassikern.
Elf Filialen in der Stadt, z. B.: *Piazza
San Babila 3 | Metro: M 1 San Babila*

10 CORSO COMO ▶▶ [123 F3]

Hier bestimmt allein der Geschmack
der Chefin das Sortiment; und der ist

erlesen und meist vertrauenswürdig.
Neben Damen- und Herrenmode auch
hübsche Accessoires und im Oberge-
schoss eine gut bestückte Kunstbuch-
handlung. Zum Laden gehört außerdem eine der besten Bars der Stadt.
*Corso Como 10 | Metro: M 2 Porta
Garibaldi*

NO. 30 MILANO [121 E2] Insider Tipp

Ein feines Sortiment und überaus
freundliche Beratung: Mode für sie
und ihn in einem Hinterhaus der
noblen Einkaufsstraße. *Via della Spi-
ga 30 | www.n30milano.com | Metro:
M 3 Monte Napoleone*

OFFICINA SLOWEAR [123 E4]

Italiens neuer Schick: ohne großes
Gewese um ein Label entstehen hier
moderne Klassiker für Damen und

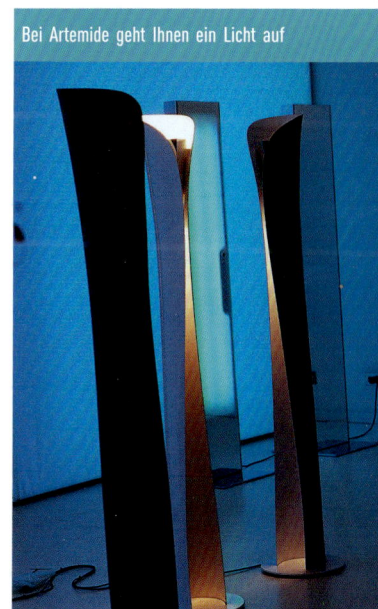

Bei Artemide geht Ihnen ein Licht auf

Herren. *Viale Elvezia 6 | www.slo* *wear.com | Metro: M 2 Moscova, Tram 12*

VICTOR & ROLF [121 F2]

Das niederländische Designerduo ließ sich im Quadrilatero einen hübschen Laden in weißem Neoklassizismus bauen – nur steht hier alles Kopf: Leuchter sprießen aus dem Boden, das Parkett schmückt die Decke. *Via*

MAZZOLARI [121 E3]

Düfte und Kosmetika aus aller Welt. *Corso Matteotti 7 | Metro: M 1 San Babila*

■ MÄRKTE

MERCATO DI PIAZZA WAGNER [122 A6] Insider Tip

Überdachter, ganztägiger Markt mit Lebensmitteln, aber auch Blumen u. a. *Mo–Sa | Piazza Wagner | Metro: M 1 Wagner*

Mäntel und Schuhe, Taschen und Accessoires: Bei Trussardi können Sie in Leder schwelgen

Sant'Andrea 14 | www.victor-rolf.com | Metro: M 3 Monte Napoleone

■ KOSMETIK

DIEGO DALLA PALMA [120 C2]

Hier werden Sie geschminkt, gestylt und beraten vom Make-up-Guru Mailands. *Via Madonnina 13 | www. diegodallapalma.it | Metro: M 2 Lanza*

MERCATONE DEL NAVIGLIO GRANDE ★ [127 D4–5]

Der beliebte, stimmungsvolle Markt für Antiquitäten, aber auch Flohmarkt, schlägt jeden letzten Sonntag im Monat (außer im Juli und August) seine Stände an den Ufern des Naviglio Grande auf. *Alzaia Naviglio Grande/Ripa di Porta Ticinese | Metro: M 2 Porta Genova*

> **www.marcopolo.de/mailand**

■ SCHMUCK ■

ANACONDA [121 E5]

Handwerksbetrieb, der Schmuck in allen Materialien anbietet. *Via Bergamini 7 | Tram 12*

DONATELLA PELLINI [120 A-B3]

Modeschmuck in unterschiedlichen Materialien, eigene Ökolinie. *Corso Magenta 11 | Metro: M 1, M 2 Cadorna*

■ SCHUHE ■

BELFIORE [0]

Handgefertigte Schuhe zu erstaunlich guten Preisen. Wenn Sie hier nichts finden, versuchen Sie es nebenan – die kurze Straße ist ein Zentrum des Mailänder Schusterhandwerks. *Via Belfiore 9 | Metro: M 1 Wagner*

TOD'S [121 F2]

Das Reich der Designerschuhe. *Via della Spiga 22 | Metro: M 3 Monte Napoleone*

VIERRE [121 E2]

Die großen Marken, und zwar alle. *Via Monte Napoleone 27 | Metro: M 3 Monte Napoleone*

■ STOCCHISTI ■

ORLEANS CALZATURE [120 C5]

Ob Damen oder Herren, jedes Paar Schuhe zum selben Preis, mal 20, mal 30 Euro. *Via Torino 73 | Tram 2, 3, 14, 20*

OUTLET 10 CORSO COMO [123 F2]

Designermode aus Mailands schönstem Laden bekommen Sie hier mit großen Nachlässen. *Mi–So 11–19 Uhr | Via Tazzoli 3 | Metro: M 2 Porta Garibaldi*

SINIG'S OUTLET [124 A4]

Muranoglas, Porzellan, Champagnerkelche und kleine Küchenutensilien zu Outletpreisen. *Piazza Mirabello 4 | www.sinigs.it | Metro: M 3 Turati*

■ TASCHEN & KOFFER ■

TRUSSARDI ★ [121 F2]

Alles aus Leder wird hier mit absoluter Eleganz behandelt. *Via Sant'Andrea 5 | Metro: M 1 San Babila*

VALEXTRA [121 D2] *Insider Tipp*

Der edelste italienische Kofferhersteller. Schöne Dinge zu entsprechenden Preisen. *Via Manzoni 3 | www.valextra.it | Metro: M 3 Monte Napoleone*

>LOW BUDGET

> Ein Anzug von Armani oder Schuhe von Prada bleiben oft ein Traum, sobald man aufs Preisschild schaut. Nicht so bei den zahlreichen Outletläden, wo es die teuren Stücke bis zu 50 Prozent günstiger gibt. Mitbringsel wie Portemonnaie, Krawatte oder Schal kosten dann nicht mehr als die Durchschnittsware im Kaufhaus. Etwa bei *D Magazine (*[121 E2]*| Via Monte Napoleone 26 | Metro: M 3 Monte Napoleone)* oder *Matia's Outlet (*[124 A4]*| Piazza Mirabello 4 | Metro: M 3 Turati).*

> Zweimal im Jahr, während der *saldi* im Januar und Ende Juni/Anfang Juli, gewähren die Geschäfte der großen Marken 40–60 Prozent Nachlass.

> In Secondhandläden braucht man ein bisschen Glück, um ein schönes Stück zu ergattern. Die Chancen stehen gut bei *Specchio di Alice (*[127 E4]*| Corso di Porta Ticinese 64, Tram 3).*

> GROSSE OPER, PICCOLO TEATRO

Am Abend schaltet man nicht ab, sondern um:
auf Vergnügen aller Art

> Wer glaubt, dass diese Stadt irgendwann mal zur Ruhe kommt, der irrt. Tagsüber wird geackert und Geld verdient, und abends entspannt man sich in einer Bar, genießt Livemusik, geht ins Stadion oder tobt sich in einer Disko aus.

Mit der weltberühmten Scala und einem Konzertprogramm, das in Italien ohne Konkurrenz ist, festigt Mailand jeden Tag seinen Ruf als Kulturhauptstadt des Landes. Dazu kommen interessante Theater, allen voran das von Giorgio Strehler gegründete Piccolo Teatro mit seinen internationalen Gastspielen.

Wie eng Essens- und Vergnügungsszene zusammengehören, zeigt der Erfolg der Treffpunkte am Corso Como, im Viertel Porta Ticinese/San Lorenzo oder längs der Navigli. Während der Sommermonate werden zudem eine Reihe von Abendveranstaltungen in den Parks angeboten. Die Programme finden Sie u. a. in den

Bild: Shocking Club

AM ABEND

Tageszeitungen oder in deren Wochenvorschauen wie „ViviMilano" (mittwochs mit dem Corriere della Sera, im Internet unter *www.vivimila no.corriere.it*) oder „TuttoMilano" (donnerstags mit La Repubblica).

■ BARS & WEINLOKALE ■

BAR BASSO [125 E3]

Abseits vom Trubel die charmante alte Dame unter den Mailänder Bars, die den Lauf der Zeiten mit Grandez-

za erträgt. *Di geschl. | Via Plinio 39 | www.barbasso.com | Metro: M 1 Lima*

L'ATLANTIQUE [129 E3]

Treffpunkt der Modewelt in High-Tech-Ambiente, bis 1 oder 2 Uhr geöffnet, toller Brunch am So. *Mo geschl. | Viale Umbria 42 | Tram 12, 27*

Insider Tipp

LE BICICLETTE [127 E3]

Früher ein Fahrradladen, heute eine Bar mit guten Drinks. Sonntags

Brunch. *Tgl. | Via Torti/Ecke Corso Genova | www.lebiciclette.com | Tram 2, 8*

BAR MAGENTA ⭐   [120 A3]
Eine der historischen Bars und doch von jeder Generation neu angenommen. Bis um 2, 3 Uhr ist hier immer was los. *Mo geschl. | Via Carducci 13/ Corso Magenta | M 1, M 2 Cadorna*

dazu ein Teller Schinken: Moriggi hält sich seit Jahrzehnten mit diesem Konzept. *Sa-Mittag und So geschl. | Via Morigi 8 | Metro: M 1 Cairoli, M 2 Sant'Ambrogio*

BOTTIGLIERIA MOSCATELLI   [123 F4]
Schönes, historisches (eröffnet 1859) Weinlokal, auch kleine Speisen. *So*

Ob Kaffee oder Snack, Aperitif oder Absacker: Die Jugendstilbar Magenta ist ein Fixpunkt

Insider Tipp   MONO ▶▶   [124 C4]
Sieht aus wie Berlin, ist aber Mailand: Hier fühlt sich nicht nur die schwule Szene daheim. Am frühen Abend zum *aperitivo* mit Bier aus der Flasche, später bei elektronischer Musik. *Tgl. | Via Lecco 6 | Metro: M 1 Porta Venezia*

Insider Tipp   TAVERNA MORIGGI   [120 B4]
Die Wände dunkel getäfelt, die Tischdecken kariert, die Weine glasweise,

geschl. | Corso Garibaldi 93 | Metro: M 2 Moscova

■ DISKOTHEKEN & CLUBS ■
Tanzclubs haben meist ab 20 Uhr, Diskotheken ab 22 oder 23 Uhr geöffnet, Eintritt in Diskos ab 15 Euro (ein Getränk inklusive).

ALCATRAZ ⭐   [123 E1]
Der absolut angesagte Ort für Veranstaltungen aller Art von der Moden-

> *www.marcopolo.de/mailand*

schau bis zum Kabarett, Disko jeden Fr und Sa. *Via Valtellina 21 | www.al catrazmilano.com | Tram 3*

LE BANQUE ▶▶ [120 C3]
In einem ehemaligen Bankgebäude im Zentrum, Treffpunkt der Mailänder Jugendszene. *Mo geschl. | Via Porrone 6 | www.lebanque.it | Metro: M 1 Cordusio*

HOLLYWOOD ▶▶ [123 F2]
Disko im Corso Como, der Vergnügungsstraße, die nach 21 Uhr zum Leben erwacht. Immer voll, ein Treffpunkt der (angehenden) Vips aus Mode, Werbung und Fernsehen. *Mo geschl. | Corso Como 15 | www.dis cotecahollywood.it | Metro: M 2 Garibaldi*

OLD FASHION ▶▶ [123 D5]
Einer der besten Clubs, um die Szene der oft sehr jungen Beschäftigten in der Modebranche zu studieren. Man tanzt bei entsprechendem Wetter auch im Freien – bis 4.30 Uhr morgens. *Tgl. | Viale Alemagna 6 | www.old fashion.it | Metro: M 1, M 2 Cadorna, Bus 61*

PLASTIC ▶▶ [129 E2]
Immer trendiger, nicht besonders großer Club mit strengem Türsteher. *Mo bis Mi geschl. | Viale Umbria 120 | www.thisisplastic.it | Bus 92*

PRAVDA [128 B5]
Man trinkt Wodka. Die Wände sind knallrot, die Stimmung ist heiß. *Tgl. | Via Vittadini 6 | Metro: M 3 Porta Romana*

SHOCKING CLUB [123 F3] *Insider Tipp*
Szenedisko für mondäne Abende unter dem Teatro Smeraldo. *Mo und Mi geschl. | Bastioni di Porta Nuova 12 | Metro: M 2 Garibaldi*

TUNNEL ▶▶ [0]
Endlich wieder geöffnet: Der Tanztunnel unter den Gleisen der Stazione Centrale, ein paar Hundert Meter stadtauswärts vom Hauptbahnhof. *Tgl. | Via Sammartini 30 | Metro: M 2, M 3 Centrale*

■ KINO ■
Im Zentrum finden Sie alle Uraufführungskinos, außerhalb liegen die riesigen Kinocenter. Karten kosten

MARCO POLO HIGHLIGHTS

⭐ **Stadio Giuseppe Meazza**
Inter oder Milan – Weltfußball unter Flutlicht (Seite 18)

⭐ **Bar Magenta**
Für Nachtschwärmer aller Altersgruppen (Seite 66)

⭐ **Alcatraz**
Absolut in – Veranstaltungen von Mode bis Kabarett (Seite 66)

⭐ **Teatro alla Scala**
Mailands Oper: ein Erlebnis fürs Leben (Seite 68)

⭐ **Scimmie**
Jazz und Rock auf einem schwimmenden Lastkahn (Seite 69)

⭐ **Piccolo Teatro**
Die führende italienische Sprechbühne (Seite 69)

zwischen 4 und 7,50 Euro. Ein Film-kunsttheater und Treffpunkt der Mailänder Cineasten mit einer eigenen Osteria (Megaschirm für TV-Übertragungen) und einer Buchhandlung ist das ▶▶ *Cinema Anteo (*[123 F3] | *Via Milazzo 9 | www.anteospaziocinema. com | Metro: M 2 Moscova).*

■ KONZERTE & OPER ■

Neben klassischen Konzerthäusern wie dem *Auditorium di Milano* können Sie Konzerte und Chöre auch in Kirchen wie der *Chiesa Protestante, Santa Maria della Passione, San Marco* oder San Maurizio (sehr stim-

Insider Tipp

>LOW BUDGET

> Der *aperitivo* ist ein Mailänder Ritual, und er kann gut ein leichtes Abendessen ersetzen: Bier, Wein und Cocktails gibt es meist zum Einheitspreis zwischen 5 und 10 Euro, dazu ein gut gefülltes Buffet, an dem man sich nicht genieren muss, mehrmals zuzulangen. Opulente *aperitivi* gibt es z. B. bei *El Beverin (*[123 F5] | *Via Brera 29 | Metro: M 2 Lanza, M 3 Monte Napoleone)* und ein paar Schritte weiter in der *Bar Brera (*[123 F5] | *Via Brera 23)* oder edel mit Austern und Meeresfrüchten im *Mujio Café (*[122 B6] | *Via Guido d'Arezzo 9 | Metro: M 1 Pagano).*

> Ein kostenloser und besonders am Abend stimmungsvoller Aussichtspunkt ist die ☆ Caféterrasse des Kaufhauses *La Rinascente* [121 D4] am Domplatz: Bis 22 Uhr geöffnet, bietet Sie Ihnen einen Blick von ganz nah auf den beleuchteten Dom und das Leben auf dem Platz.

mungsvoll!) erleben. Im *Conservatorio,* der Musikhochschule, treten u. a. auf das United Europe Chamber Orchestra *(www.ueco.it),* das von Massimo Palumbo 1999 gegründet wurde, sowie die Società del Quartetto *(www. quartettomilano.it),* eine Traditionseinrichtung der Kammermusik, die seit dem 19. Jh. besteht. Das derzeit wohl angesehenste Sinfonieorchester, geleitet von Riccardo Chailly, das *Orchestra Verdi (www.orchestrasinfoni ca.milano.it),* spielt meist Do und Fr um 20.30 und So um 16 Uhr *(Karten 7,75–50 Euro).*

Insider Tipp

TEATRO ALLA SCALA ★ [121 D2–3]

Den neoklassizistischen Tempel der Opernmusik hat Mario Botta renoviert und umgebaut. Karten (je nach Veranstaltung zwischen 10 und 250 Euro) bestellt man über das Internet *(www.teatroallascala.it).* An der Vorverkaufskasse im ersten Tiefgeschoss der Metrostation Duomo *(tgl. 12–18 Uhr | Galleria del Sagrato)* gibt es Karten ab einen Monat vor der Aufführung, aber auch Last-Minute-Tickets. Die Abendkasse an der Scala selbst *(Via Filodrammatici 2)* öffnet zwei Stunden vor Vorstellungsbeginn. Infos zu Preisen und freien Plätzen: *Tel. 02 72 00 37 44*

■ LIVEMUSIK & JAZZ ■

Der Eintritt beträgt je nach Veranstaltung (Beginn meist 21.30 oder 22 Uhr) ab 6 Euro.

LA CASA 139 [0]

Insider Tipp

Hier spielt derzeit die Musik, und zwar jeden Abend, live oder vom DJ. *Tgl. | Via Giuseppe Ripamonti 139 | www.lacasa139.com | Tram 24*

Ungewöhnliche Location: das Scimmie in einer ehemaligen Schute auf dem Naviglio Pavese

GRAN CAFÉ FASHION ▶▶   [127 E3]

Diskobar und Livekonzerte. Hier tummelt sich die Modeszene. *Mo geschl. | Corso di Porta Ticinese/Via Vetere | Tram 3*

MAGAZZINI GENERALI   [0]

Diskobar und Livekonzerte (Rock und Jazz) in umgebauten Lagerhallen am südlichen Stadtrand. *Mo/Di geschl. | Via Pietrasanta 14 | www.magazzinigenerali.it | Tram 24*

NIDABA THEATRE ★   [127 D5]

Insider Tipp

Ein Muss für Bluesfans, aber auch Funk- und Rockabende. *So geschl. | Via Gola 12 | www.nidaba.it | Tram 3*

SCIMMIE ★   [127 E5]

Seit Jahren *der* Inplatz für Rock und Jazz in einem umgebauten Lastkahn auf dem Naviglio Pavese. *Di geschl. | Via Ascanio Sforza 49 | www.scimmie.it | Tram 3, 15*

ZELIG ▶▶   [0]

Livemusik und zugleich Hochburg des italienischen Kabaretts, auch Café. *Mo geschl. | Viale Monza 140 | www.areazelig.it | Metro: M 1 Turro*

▪ THEATER ▪

Achten Sie neben dem berühmten Piccolo Teatro besonders auf Inszenierungen im *Teatridithalia/Teatro dell'Elfo (*[125 E5] *| Via Menotti 11 | Bus 54, 61)* und im frisch umgebauten *Teatro Franco Parenti (www.teatrofrancoparenti.it)* in der *Via Pier Lombardo 14 (*[128 C4] *| Tram 16).* Im *Teatro dell'Arte (*[123 D5] *| Viale Alemagna 6 | Metro: M 1, M 2 Cadorna)* treten die besten italienischen Offgruppen auf.

PICCOLO TEATRO/TEATRO D'EUROPA ★

Das führende Sprechtheater Italiens, von Paolo Grassi und Giorgio Strehler 1947 gegründet. Nach dem Tod Strehlers 1997 hat das Gespann Sergio Escobar/Luca Ronconi die Leitung übernommen und bietet ein teilweise aufregendes Programm. Gespielt wird an drei Stätten. *Alle 02 72 33 32 22 | www.piccoloteatro.org | Karten 10–25 Euro*

> BETTEN MIT INTERNETANSCHLUSS

Die Mailänder Hoteliers richten sich nach den Bedürfnissen der Geschäftsreisenden

> **Eine Stadt, die so lebendig und immer auf der Suche nach dem Neuen ist, hat natürlich auch ihre Schattenseiten – und leider gehört dazu das Kapitel Übernachten.** Nicht, dass hier die Hotels schlechter wären als anderswo. Im Gegenteil: Von der Luxuskategorie bis zum einfachen Haus entsprechen die Hotels (meist) internationalen Standards – manche Betten haben quasi Internetanschluss. Aber vor allem im mittleren und unteren Segment stimmt das Preis-Leistungs-Verhältnis nicht, die Mailänder Hotels sind einfach zu teuer. Zudem gilt: Wer nicht reserviert, riskiert – vor allem in den Messemonaten von September bis Mai –, vor geschlossenen Türen zu stehen.

Bed-&-Breakfast-Angebote sind immer noch rar, aber es lohnt sich, unter *www.bbitalia.it* die Angebote durchzusehen (Doppelzimmer um 70 Euro). Wer die Fahrt nicht scheut: In Bergamo nahe am Flughafen, den

Bild: Hotel del Corso

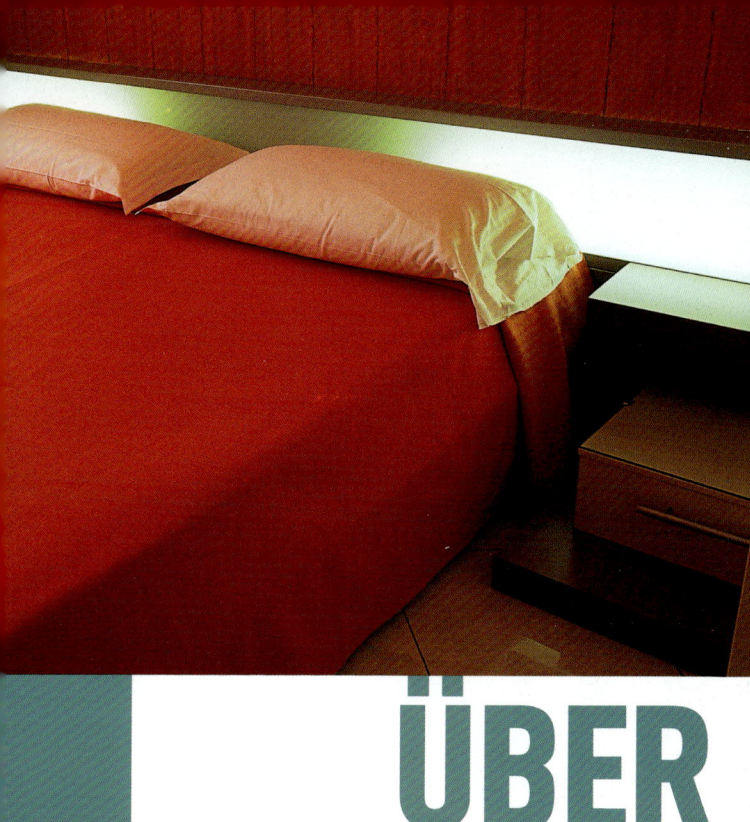

ÜBER NACHTEN

viele Billigfluglinien ansteuern, in Pavia, in Monza, sogar im noblen Como direkt am Seeufer muss man für denselben Standard meist um einiges weniger ausgeben. Von all diesen Städten aus erreichen Sie Mailand mit der Bahn in rund 45 Minuten.

▪ HOTELS €€€

SHERATON DIANA MAJESTIC 🔊 [125 D5]
Elegantes Haus im Jugendstil, die Zimmer sind teilweise mit Stilmöbeln eingerichtet. Herrlich der Garten, vor allem im Mai, wenn der Flieder blüht. *107 Zi. | Viale Piave 42 | Tel. 022 05 81 | Fax 02 20 58 20 58 | www. sheraton.com | Metro: M 1 Porta Venezia*

GRAND HOTEL DUOMO 🔊 [121 D3]
Zentraler geht es nicht. Vom Dachgarten herrliche Aussicht auf Dom und Innenstadt. *162 Zi. | Via San Raffaele 1 | Tel. 02 88 33 | Fax*

02 86 46 20 27 | *www.grandhotelduo mo.com* | *Metro: M 1, M 3 Duomo*

HOTEL MANIN   [121 E1]

Modernes, elegantes Hotel bei den Giardini Pubblici, von Touristen wie Geschäftsreisenden geschätzt. *118 Zi.*

Ein Fall für Puristen: Hotel Straf

| *Via Manin 7* | *Tel. 026 59 65 11* | *Fax 026 55 21 60* | *www.hotelmanin.it* | *Metro: M 3 Turati*

NHOW HOTEL 📶   [126 C4]

Der Mailänder Stararchitekt Matteo Thun baute den Industriekomplex im neuen Kreativenareal um die Via Tortona zum Hotel um. Die Ausstattung der Lobby und der Gänge mit Möbeln und Kunst wechselt alle paar Monate.

249 Zi. | *Via Tortona 35* | *Tel. 024 89 88 61* | *Fax 024 89 88 64 89* | *www.nhow-hotels.com* | *Metro: M 2 Porta Genova*

REGINA   [120 B5]

In einem modernisierten Palazzo aus dem 18. Jh. finden Sie dieses zentral gelegene, freundliche Hotel, das seinen Gästen gratis Fahrräder zur ==Insid Tip== Verfügung stellt. *43 Zi.* | *Via Correnti 13* | *Tel. 02 58 10 69 13* | *Fax 02 58 10 70 33* | *www.hotelregina.it* | *Tram 2, 3, 14*

HOTEL STRAF ▶▶ 📶   [121 D3]

Minimalistisches Design mit nackten Betonwänden und schlichten Möbeln macht das zentral gelegene Straf beliebt bei Berufskreativen und Fans des Purismus. Im sechsten Stock Zimmer mit privatem Minispa. *64 Zi. | Via San Raffaele 3 | Tel. 02 80 50 81 | Fax 02 89 09 52 94 | www.straf.it | Metro: M 1, M 3 Duomo*

■ HOTELS €€

AGAPE   [0]

Ruhiges Haus mit großen Bädern am nordöstlichen Stadtrand, aber mit Metroanschluss. *43 Zi. | Via Flumendosa 35 | Tel. 02 27 20 07 02 | Fax 02 27 20 34 35 | www.agapehotel.com | Metro: M 2 Crescenzago*

ANTICA LOCANDA
DEI MERCANTI   [120 C3]

Ein charmantes, gepflegtes Haus mit Pensionscharakter in einem barocken Palast im Zentrum, das Sie rechtzeitig buchen sollten. *14 Zi. | Via San Tomaso 6 | Tel. 028 05 40 80 | Fax 028 05 40 90 | www.locanda.it | Metro: M 1 Cordusio*

ANTICA LOCANDA
SOLFERINO ⭐ 📶   [123 F3–4]

Kleines, sehr beliebtes Hotel voller Atmosphäre im ehemaligen Künstlerviertel Brera – oft lange im Voraus ausgebucht. *11 Zi. | Via Castelfidardo 2 | Tel. 026 57 01 29 | Fax 026 57 13 61 | www.anticalocanda solferino.it | Metro: M 2 Moscova, M 3 Repubblica*

JOHNNY   [122 B3]

Typischer Familienbetrieb direkt bei der Messe, der angenehmen Standard bietet. Je nach Saison auch Zimmer unter 100 Euro. *31 Zi. | Via Prati 6 | Tel. 02 34 18 12 | Fax 02 33 61 05 21 | www.hoteljohnny.com | Tram 19*

PALAZZO DELLE STELLINE 📶   [127 D1]

Das gegenüber von Santa Maria delle Grazie gelegene Hotel ist in einem ehemaligen Waisenhaus untergebracht. Zimmer mit Balkon zum Innenhof. *105 Zi. | Corso Magenta 61 | Tel. 024 81 84 31 | Fax 02 48 51 90 97 | www.hotelpalazzostelline.it | Metro: M 1, M 2 Cadorna, Tram 16*

HOTEL SANPI 📶   [124 C4]

Freundliches, familiär geführtes Haus mit hübschem Garten und einem Durcheinander von modernem Design und verspielter Klassik in Lobby und Frühstücksraum. In den Zimmern gilt dagegen: entweder oder. *79 Zi. | Via Palazzi 18 | Tel. 02 29 51 33 41 | Fax 02 29 40 24 51 | www.hotelsanpi milano.it | Metro: M 1 Porta Venezia*

UNA HOTEL TOCQ 📶   [123 F2–3]

Kleineres Haus der jungen Una-Kette nahe der Ausgeh- und Einkaufsmeile Corso Como. *122 Zi. | Via A. de Tocqueville 7 d | Tel. 026 20 71 | Fax 026 57 07 80 | www.unahotels.it | Metro: M 2 Porta Garibaldi*

ZURIGO   [121 D5]

Funktionales Hotel im Zentrum mit ==Gästefahrrädern.== *41 Zi. | Corso Italia 11 a | Tel. 02 72 02 22 60 | Fax 02 72 00 00 13 | www.brerahotels. com | Metro: M 3 Missori* **Insider Tipp**

■ HOTELS €
ALBERT ⭐   [124 C1]

In Bahnhofsnähe an einer stark befahrenen Straße würde man ein so angenehmes Haus kaum erwarten. Die freundliche Bedienung ist bestechend! *62 Zi. | Via Tonale/Via Sammartini | Tel. 02 66 98 54 46 | Fax 02 66 98 56 24 | www.alberthotel.it | Metro: M 2, M 3 Centrale*

BED & BREAD ⭐   [126 B2]

Traumhaft: Eine Biologin öffnet Haus und Garten. Man vergisst, dass man in Mailand ist. Rechtzeitig buchen!

MARCO POLO HIGHLIGHTS

⭐ **Antica Locanda Solferino**
Kleines Haus voller Atmosphäre (Seite 73)

⭐ **Albert**
Sympathisch und freundlich (Seite 73)

⭐ **Bed & Bread**
Mit Frühstück im Garten (Seite 73)

⭐ **Four Seasons**
Luxus in einem ehemaligen Kloster (Seite 74)

3 Zi. | Via Vetta d'Italia 14 | Tel./Fax
02 46 82 67 | www.bedandbread.it |
Bus 58, 61

BOSTON [124 C2]
Nur einen Steinwurf vom Bahnhof,
alle Zimmer mit Dusche. 25 Zi. | Via
Lepetit 7 | Tel. 026 69 26 35 | Fax
02 66 98 18 02 | Metro: M 2 Centrale

DES ETRANGERS [126 A4]
Kleine, aber freundliche Zimmer in
der Nähe der Piazza Napoli und nicht
weit vom Naviglio Grande. Garage.
69 Zi. | Via Sirte 9 | Tel./Fax
02 48 95 53 25 | www.hoteldesetran
gers.it | Bus 50, 61

ETRUSCO ꜱ [125 F4]
Hier logieren Sie in einer Gründer-
zeitvilla östlich des Piazzale Loreto
mit kleinem Garten und Frühstücks-
terrasse. 18 Zi. | Via Porpora 56 | Tel.
022 36 38 52 | Fax 022 36 05 53 |
www.hoteletrusco.it | Metro: M 1,
M 2 Loreto | Tram 33

> LUXUSHOTELS
Die Edelsten der Edlen, die Schicksten der Schicken

BOSCOLO EXEDRA ꜱ [121 E3]
Das neueste der Mailänder Luxushotels,
2009 eröffnet, glänzt im frischen Design
des Architekten Italo Rota. Drei Restaurants, der futuristische Spabereich rühmt
sich, Mailands größter zu sein. 145 Zi.,
9 Suiten | Corso Matteotti 4 | Tel.
02 77 67 96 11 | www.boscolohotels.com
| Metro: M 1 San Babila | ab 400 Euro

BULGARI HOTEL ꜱ [121 D2]
2005 eröffnete Luxusunterkunft, Zimmer
in Eiche, Messing und mattschwarzem
Marmor. Das Beste ist der Blick aus dem
Fenster auf den riesigen Garten mit
Barterrasse. 58 Zi. | Via Fratelli Gabba 7 b |
Tel. 028 05 80 51 | Fax 028 05 80 52 22 |
www.bulgarihotels.com | Metro: M 3
Monte Napoleone | ab 500 Euro

FOUR SEASONS ⭐ ꜱ [121 E2]
Hotel von Weltruf in ehemaligem Kloster
mit Innenhof und großem Garten. Präch-
tige Zimmer, zwei ausgezeichnete Restaurants. Direkt im Modeviertel, eigene
Garage. 102 Zi. | Via Gesù 8 | Tel. 027 70 88
| Fax 02 77 08 50 00 | www.
fourseasons.com | Metro: M 1 San Babila,
M 3 Monte Napoleone | ab 550 Euro

GRAND HOTEL ET DE MILAN ꜱ [121 E3]
Das vielleicht berühmteste Mailänder
Hotel, zum Teil im Jugendstil und mit
antiquarischen Möbeln eingerichtet. 95
Zi. | Via Manzoni 29 | Tel. 02 72 31 41 | Fax
02 86 46 08 61 | www.grandhoteletdemi
lan.it | Metro: M 3 Monte Napoleone | ab
455 Euro

PARK HYATT ꜱ [121 D3]
Mit zurückhaltender lombardischer
Eleganz wurde dieser Palazzo der Belle
Époque in Mailands schönstes Luxushotel
umgebaut. Der kuppelüberspannte Hof
bildet die Eingangshalle. Luxuriöse Ausstattung und riesige Badezimmer. Aus
Nummer 105 und 205 haben Sie den
besten Blick auf die Galleria Vittorio Ema-
nuele. 117 Zi. | Via Tommaso Grossi 1 | Tel.
02 88 21 12 34 | Fax 02 88 21 12 35 |
www.milan.park.hyatt.com | Metro: M 1,
M 3 Duomo | ab 490 Euro

Kuppelüberspannt: die Lobby im Park Hyatt

PIEMONTE [126 A1]

Sehr klein und einfach, aber ruhig in der Messegegend (Via Washington) gelegen. Kleiner Garten, alle Zimmer mit Duschbad und TV. *17 Zi. | Via Ruggiero Settimo 1 | Tel. 02 46 31 73 | Fax 02 48 19 33 16 | www.hotelpiemonte.it | Metro: M 1 Wagner, Bus 61*

SAN FRANCISCO [125 F2]

Ein kleines, elegantes Haus unweit des Piazzale Loreto. Manche Zimmer sind leider etwas verwohnt, aber hübscher Garten. *31 Zi. | Viale Lombardia 55 | Tel. 022 36 10 09 | Fax 022 36 10 12 | www.hotel-sanfrancis co.it | Metro: M 1, M 2 Loreto*

VECCHIA MILANO [120 B4]

Ein charmantes altes Haus im alten Mailand. Große Zimmer. Am oberen Ende der Preisgruppe. *27 Zi. | Via Borromei 4 | Tel. 02 87 50 42 | Fax 02 86 45 42 92 | www.hotelvecchiami lan.com | Metro: M 1 Cordusio*

VIRGILIO [125 D2]

Ein kleines, sauberes Hotel in Bahnhofsnähe. Nicht alle Zimmer haben eine eigene Dusche. *45 Zi. | Via Palestrina 30 | Tel. 026 69 13 37 | Fax 02 66 98 25 87 | Metro: M 2 Caiazzo*

>LOW BUDGET

> 42 Schlafplätze (ohne Frühstück, aber mit Kochmöglichkeit) im südlichen Zentrum bietet die Jugendherberge *Ostello La Cordata ([127 F4] | Via Burigozzo 11 | Tel. 02 58 31 46 75 | Fax 02 58 30 35 98 | www.ostellolacorda ta.com | Metro: M 3 Missori)* für 21 bis 25 Euro an. Daneben 17 Hotelzimmer (Doppelzimmer ab 70 Euro).

> Ein bisschen cooler als die Jugendherberge, aber nicht teurer ist das *Postello ([123 F1] | Via Angelo della Pergola 5 | Tel. 34 00 55 95 77 | www. myspace.com/postello | Metro: M 2 Porta Garibaldi)*. Es gibt Zimmer für vier bis acht Gäste und eine gut ausgestattete Selbstversorgerküche – und pro Person zahlen Sie nur 15 Euro.

> Ein sauberes Haus an der Einkaufsstraße Corso Buenos Aires zehn Schritte von der Metrostation ist das *Hotel Del Corso ([125 E2] | 26 Zi. | Via Pecchio 2 | Tel. 02 29 53 33 30 | Fax 02 29 53 33 02 | www.hoteldel corsomilan.com | Metro: M 1, M 2 Loreto)*. In der Nebensaison gibts das Doppelzimmer schon ab 70 Euro.

> Nah an den Navigli und für Mailänder Verhältnisse ein echtes Schnäppchen ist das *Cocoon B & B (Via Voghera 7 | Tel. 028 32 27 69 | Fax 028 39 48 95 | www.cocoonbb.com | Metro: M 2 Porta Genova)*. Die wunderschönen Doppelzimmer kosten nur 95 Euro. Der Nachteil: Es gibt nur drei – frühzeitig buchen!

> ALTE STÄDTE, JUNGES LAND

Die Lombardei ist vielseitig und von oft überraschenden
Gegensätzen geprägt

> **Zur Lombardei gehören schneebedeckte
Berge, liebliche Hügel, eine fast subtro-
pische Seenlandschaft und eine frucht-
bare Ebene.**
Zur Vollkommenheit fehlt eigentlich
nur noch das Meer. Allerdings liegt
das gar nicht so weit entfernt: Von
Pavia aus erreicht man mit dem Auto
in einer Stunde Genua und die Riviera
und von Brescia in anderthalb Stunden die Adria bei Venedig. Ein ein-
äugiger, nur auf den Strandurlaub

ausgerichteter Tourismus hatte Regionen wie das Piemont oder die Lombardei lange vernachlässigt.

Das ist inzwischen anders geworden, wie die Ferienparadiese an den
Oberitalienischen Seen vom Lago
Maggiore bis zum Gardasee und die
steigende Beliebtheit auch kleiner
Kunststädte wie Bergamo, Cremona
oder Mantua zeigen. Bezaubernde
Plätze mit ihren Cafés und Geschäften in Vigevano, Lodi und Crema

Bild: Piazza del Comune in Cremona

LOMBARDEI

beweisen, dass die Lombarden durchaus zu leben verstehen.

Mit fast 9 Mio. Ew. ist die Lombardei (ital.: Lombardia) etwa ebenso reich bevölkert wie Österreich, mit rund 24 000 km² aber nur so groß wie Mecklenburg-Vorpommern. Die Regionalhauptstadt Mailand gehört mit ihrem Umland zu den am dichtesten besiedelten Landstrichen Europas – da verstopfen Straßen und Autobahnen schneller, als es Gästen und Bewohnern lieb sein kann. Und dennoch lässt sich abseits der Hauptverkehrswege in den 13 Provinzen Bergamo, Brescia, Busto Arsizio, Como, Cremona, Lecco, Lodi, Mailand, Mantua, Monza, Pavia, Sondrio und Varese immer wieder Schönes und Überraschendes entdecken: eine weithin unbekannte Kapelle am Lago d'Iseo, ein Badestrand am Ticino, eine historische Industriesiedlung oder eine nette Trattoria – von den herrlichen Uferpromenaden an den Seen oder den einsamen, pappelgesäumten Wegen am Po, Oglio oder Mincio ganz zu schweigen.

Die Lombardei ist nur eine von 20 Regionen Italiens, aber wirtschaftlich und gesellschaftlich ist sie allen anderen überlegen. Die Arbeitslosigkeit liegt weit unter dem Landesdurch-

Eine gute touristische Infrastruktur, hohe Standards auch in den einfacheren, leider nicht immer preiswerten Hotels sowie regelmäßige Zug- oder Busverbindungen selbst zu kleineren Orten machen die Region auch für Urlauber attraktiv. MARCO POLO hat dem Gardasee sowie den Oberitalienischen Seen (Lago Maggiore,

Die Piazza Vecchia ist das harmonische Herzstück von Bergamos Oberstadt Bergamo Alta

schnitt. Klein- und Mittelbetriebe besonders im Dienstleistungsbereich sind längst bedeutender als die Großindustrie, und damit ist die Region weitaus weniger krisenanfällig als andere. Zudem ist sie von den Reisfeldern der Lomellina im Westen bis zu den Olivenhainen am Gardasee im Osten auch eine wichtige Agrarregion und der größte Lebensmittelproduzent Italiens.

Luganer See, Comer See) eigene Bände gewidmet. Der vorliegende Band beschränkt sich deshalb auf die Kerngebiete der Lombardei.

BERGAMO

[130 C3] ⭐ **Die 121 000-Ew.-Stadt, vor allem die hoch gelegene Altstadt, ist eine wahre Pracht.** Sie thront zwischen der Poebene und den Voralpen am Aus-

> *www.marcopolo.de/mailand*

gang der grünen Täler von Brembo und Serio. Nach einer kurzen Zeit als freie Kommune kam Bergamo bis 1796 unter venezianische Herrschaft. Diese Mischung aus lombardischen und venezianischen Elementen macht den Ort so einzigartig. Die aus Goldoni-Komödien bekannte Figur des Arlecchino stammt aus Bergamo. Während sich die moderne Unterstadt in der Ebene immer weiter ausgebreitet hat, ist Bergamo Alta, die Altstadt auf dem Hügel (Zugang mit der Standseilbahn vom Viale Vittorio Emanuele oder zu Fuß vom Parkplatz bei der ehemaligen Kirche Sant'Agostino aus), weitgehend erhalten geblieben.

■ SEHENSWERTES ■

ACCADEMIA CARRARA (PINACOTECA DI ARTE ANTICA)

Eine der reichsten Gemäldegalerien Italiens außerhalb der Kunstmetropolen, die aus der Privatsammlung des Grafen Giacomo Carrara – auch Gründer einer Malschule – entstanden ist. Werke u. a. von Sandro Botticelli, Andrea Mantegna, Lorenzo Lotto und Tizian. Wegen Renovierungsarbeiten ist die Sammlung derzeit ausgelagert in den Palazzo della Ragione in der Oberstadt. *April–Sept. Di–Fr 10–21, Sa/So 10–23, Okt.–März Di–Fr 9.30 bis 17.30, Sa/So 10–18 Uhr | 5 Euro | www.accademiacarrara.bergamo.it | Piazza Vecchia*

CAPPELLA COLLEONI

Die Kapelle am Domplatz in der Oberstadt wurde als Grabstätte für den venezianischen Heerführer Bartolomeo Colleoni und seine Tochter Medea 1476 von Giovanni Antonio Amadeo errichtet. Sie bildet einen Höhepunkt der lombardischen Renaissance. Dass sich Stile durchaus ergänzen können, zeigen im Inneren u. a. die barocken Fresken von Tiepolo (1733). *Di–So 9–12.20 und 14 bis 16.30, im Sommer bis 18.30 Uhr*

PIAZZA VECCHIA

Zusammen mit dem Domplatz bildet die Piazza Vecchia das monumentale Zentrum der Oberstadt. Sie wird vom Palazzo della Ragione aus dem 12. Jh. mit der Torre Civica beherrscht. In der Mitte ein barocker Brunnen. Man sitzt angenehm in Straßencafés.

MARCO POLO HIGHLIGHTS

★ Bergamo
Die alte Oberstadt bezaubert mit ihrem Charme (Seite 78)

★ Cremona
Geigen in der Stadt des Stradivari (Seite 83)

★ Mantua
Der weitläufige Palazzo Ducale – fast eine Stadt in der Stadt (Seite 85)

★ Sabbioneta
Ein Traumgebilde aus der Renaissance: die Miniaturresidenz auf dem Dorf (Seite 87)

★ Certosa di Pavia
Ein Kloster wie ein Schloss (Seite 88)

★ Vigevano
Atmosphäre tanken auf der eleganten Piazza mit ihren Arkaden (Seite 89)

SANTA MARIA MAGGIORE

Dem malerischen romanischen Bau (12. Jh.) fehlt die Fassade. Dem Portal vorgesetzt ist eine wunderschöne Vorhalle aus dem 14. Jh. Sehenswert im Inneren ist vor allem der Chor mit Intarsien im Chorgestühl teilweise nach Entwürfen von Lorenzo Lotto (1522 bis 1555). *April–Okt. tgl. 9–12.30 und 14.30–18, Nov.–März Mo–Fr 9 bis 12.30 und 14.30–17, Sa/So 9 bis 12.30 und 15–18 Uhr | Piazza Duomo*

ESSEN & TRINKEN

DA ORNELLA

In Bergamo Alta lokale Küche und eine reiche Weinkarte in venezianischem Ambiente. *Do geschl. | Via Gombito 15 | Tel. 035 23 27 36 | €*

>LOW BUDGET

> Am Comer See brummt die Ausflugsschifffahrt – und lässt sich gut für ihre Rundfahrten bezahlen. Sie können stattdessen auch die Linienschiffe nehmen: 16,40 Euro kostet die lange Fahrt von Como ins romantische Bellagio, wo die beiden Arme des Sees zusammentreffen, und zurück. Für nur 3,80 Euro kommen Sie bis in den hübschen Nachbarort Cernobbio und zurück. *www.navigazionelaghi.it*

> Die italienische Bahn ist preiswert und pünktlicher als ihr Ruf. Zum Gardasee zahlen Sie keine 15 Euro hin und zurück. Nehmen Sie für einen Tagesausflug den Zug: Mit der Bahn (*www.ferroviedellostato.it*) kommen Sie nicht nur günstiger ins Umland, sondern wegen der chronisch verstopften Autobahn Mailand–Verona auch schneller.

ÜBERNACHTEN

HOTEL GOURMET ✼

In einem Renaissancepalast unweit der Oberstadt, schöner Blick. Auch Restaurant mit großer Terrasse (€€). *11 Zi. | Via San Vigilio 1 | Tel./Fax 03 54 37 30 04 | www.gourmet-bg.it | €*

AUSKUNFT

Viale Vittorio Emanuele II 20 | Tel. 035 21 02 04 | Fax 035 23 01 84 | www.apt.bergamo.it

ZIEL IN DER UMGEBUNG

CRESPI D'ADDA   [130 C3]

Inside Tipp

In Crespi ca. 15 km südwestlich an der Autobahn nach Mailand ist direkt am Fluss eine außergewöhnliche Siedlung (ehemalige Leinenfabrik mit Wohnsiedlung für Arbeiter und Angestellte, eigenem Friedhof und Kirche) vom Ende des 19. Jhs. in historisierendem Stilgemisch zu entdecken, die als Welterbe unter dem Schutz der Unesco steht.

BRESCIA

[131 E3] **Am Fuß der Voralpen liegt die zweitgrößte Stadt der Lombardei (195 000 Ew.), die hinter einem hässlichen Industriegürtel ein äußerst sehenswertes Zentrum verbirgt.** Jede Epoche hat hier einen Platz geprägt: die Antike das Forum mit dem kapitolinischen Tempel, das Mittelalter die Piazza Duomo/Piazza Paolo VI, die heitere venezianische Renaissance die Piazza della Loggia und die Moderne die Piazza della Vittoria – kühle Marmorpracht aus der Zeit des Faschismus. Die Stadt zeichnet ein lebhaftes Kulturleben mit wichtigen Kunstausstellungen und Theaterinszenierungen aus.

■ SEHENSWERTES ■

PIAZZA DEL DUOMO/PIAZZA PAOLO VI

Das mittelalterliche Zentrum der Stadt mit dem alten Rathaus *(broletto)* aus dem 12. Jh., dem Stadtturm *(Torre del Popolo)* und dem altehrwürdigen zentralen Kirchenbau der *Ro-* *dell'Orologio)* zum Mittelpunkt der Stadt. Wichtigstes Bauwerk ist die Loggia (ehemaliges Rathaus) in wunderschöner lombardisch-venezianischer Renaissance mit Kuppeldach nach dem Vorbild der Basilica Palladiana in Vicenza.

Torre del Popolo und Duomo Nuovo überragen die Piazza del Duomo in Brescia

tonda (Duomo Vecchio) im strengen Stil der Romanik (vermutlich nach dem Vorbild der Grabeskirche von Jerusalem). Der „neue", gar nicht ins Bild der Piazza passende Dom stammt aus dem Manierismus, der Übergangszeit zwischen Renaissance und Barock.

PIAZZA DELLA LOGGIA

Unter der venezianischen Herrschaft im 16. Jh. wurde diese harmonische Anlage mit dem Uhrturm *(Torre*

PINACOTECA TOSIO MARTINENGO

Die Gemäldegalerie in einem barockisierten Adelspalast aus dem 16. Jh. besitzt vor allem lombardische, aber auch venezianische Malerei aus dem 15.–17. Jh., darunter Vincenzo Foppa und Lorenzo Lotto. Glanzstücke sind die Werke der Malschule von Brescia um Alessandro Moretto und Girolamo Romanino. Sie werden während eines Umbaus bis ca. Frühjahr 2011 im Museum Santa Giulia gezeigt (s. nächster Eintrag). *Piazza Moretto 4*

Insider Tipp

SANTA GIULIA MUSEO DELLA CITTÀ

Stadtmuseum in einer großartigen langobardischen Klosteranlage (Kirchen San Francesco mit herrlichen Wandmalereien aus dem 9. Jh. und Santa Giulia aus dem 15. Jh.), in dem zurzeit auch die meisten Ausstellungsstücke der antiken Sammlungen (Museo Romano) sowie immer wieder bedeutende Wechselausstellungen zu sehen sind. *Sommer Di–So 10 bis 18, Winter 9.30–17.30 Uhr | 8 (bei Ausstellungen 12) Euro | Via Musei 81 b*

■ ESSEN & TRINKEN ■

TRATTORIA AL FRATE

Bis spät geöffneter Treffpunkt im Zentrum mit lokaler Küche. Probieren Sie die herrlichen *tortelli di zucca* (Kürbistäschchen)! Reiche Weinkarte. *Mo geschl. | Via Musei 25 | Tel. 03 03 77 05 50 | www.alfrate.com | €*

■ ÜBERNACHTEN ■

HOTEL MARCHINA

Sehr gutes Preis-Leistungs-Verhältnis, ein kleiner Garten und ein eigenes Restaurant. *45 Zi. | Via Valcamonica 19 b | Tel. 030 31 14 66 | Fax 030 32 12 92 | www.hotelmarchina. it | €*

■ AUSKUNFT ■

Via Musei 32 | Tel. 03 03 74 99 16 | Fax 03 03 74 99 82 | www.provincia. brescia.it/turismo

■ ZIELE IN DER UMGEBUNG ■

CAPO DI PONTE   [131 E2]

Längs des rauschenden Flusses Oglio liegt 75 km nördlich in der Valcamonica an der Staatsstraße SS 42 Capo di Ponte (2400 Ew.) im Zentrum eines Gebiets mit vorzeitlichen Felszeichnungen. In der Valcamonica sind rund 200 000 solcher Steingravuren aus

Die Wasserburg der Scaliger in Sirmione: ein Topziel am lombardischen Ufer des Gardasees

dem 8. bis 7. Jahrtausend v. Chr. gefunden worden. Sie begegnen hier vor einer herrlichen Gebirgskulisse den Anfängen der europäischen Menschengeschichte. Über rund 30 ha erstreckt sich das Schutzgebiet *Parco Nazionale delle Incisioni Rupestri(-Di–So 8.30 Uhr–Sonnenuntergang | 4 Euro),* in dem auf mehreren Rundgängen rund 100 bearbeitete Felsen zu finden sind, darunter die Roccia Grande mit ca. 1000 Figuren. Capo di Ponte ist mit dem Bummelzug rund zwei Stunden von Brescia entfernt (Linie Brescia–Edolo). Auskunft: *Via Briscioli | Tel. 036 44 20 80*

GARDASEE (LAGO DI GARDA)　[131 F3]

Der Lago di Garda ist mit 370 km² der größte See Italiens – und auch der mit den größten Gegensätzen. Im Norden wirkt er wie ein Fjord, im Süden fließt er breit und bedächtig. Durch den

Monte Baldo geschützt, bildet er eine klimatische Insel in den Voralpen, ein Stück Süditalien im Norden, und ist deshalb gerade bei den Deutschen und Österreichern beliebt, die ihn schnell erreichen können. Zur Lombardei gehören das Südufer mit Sirmione und Desenzano und das Westufer, die mondänste, von italienischen Urlaubern bevorzugte Ecke am See. Ausführliche Informationen finden Sie im MARCO POLO Reiseführer „Gardasee".

ISEOSEE (LAGO D'ISEO)　[131 D3]

Über die Staatsstraße SS 510 erreichen Sie nach rund 20 km beim Städtchen Iseo den gleichnamigen See. Der 25 km lange, maximal 4,7 km breite See wird vom Fluss Oglio gespeist. Mitten im Lago d'Iseo liegt der grüne Hügel Monte Isola, die größte Seeinsel Italiens, mit schönen Spazierwegen (sonntags überlaufen); Überfahrt von Sulzano oder Sale Marasino aus. Einen schönen Blick auf den See haben Sie vom ❀ Landgut *La Tesa (tgl. | Via Bonomelli | Tel. 03 09 82 29 84 | www.latesa.it | €)* in Iseo. In *Pisogne* an der Nordspitze des Sees lohnt die Besichtigung der Kirche *Santa Maria della Neve,* die wegen des Freskenschmucks von Girolamo Romanino (um 1534) auch „Sixtinische Kapelle der Armen" genannt wird.

Inside Tipp

Inside Tipp

CREMONA

[131 D5] ★ Die Heimatstadt des Geigenbauers Antonio Stradivari, Hauptort (80 000 Ew.) einer eigenen Provinz, gehört zu den weniger bekannten Sehenswürdigkeiten der Lombardei und ist doch mit der

monumentalen Anlage rund um den Dom eine der ganz wichtigen. Sie entstand in der Zeit der freien Kommune, als Cremona, unterstützt von Kaiser Barbarossa, sich dem Einfluss Mailands widersetzen konnte. Eine ganze Reihe Handwerksbetriebe für Saiteninstrumente hat die Stadt zum Musikzentrum gemacht. Die berühmten Süßig-

den Musiktriennalen (die nächsten 2009 und 2012) eingesetzt werden. *Di–Sa 9–18, So 10–18 Uhr | 6 Euro, Sammelkarte für alle Museen 10 Euro | Piazza Comune 8*

DOM

Eine der ältesten und zugleich bedeutendsten romanischen Kirchen der

Die Heimatstadt Antonio Stradivaris, Cremona, ist heute noch ein Zentrum des Violinenbaus

keiten (Torrone, feste Zuckerteigmasse mit Mandeln) bekommen Sie in der Fußgängerzone des Corso Matteotti mit seinen stilvollen Läden.

■ SEHENSWERTES ■

COLLEZIONE GLI ARCHI DI PALAZZO COMUNALE

Insider Tipp

Wertvolle Streichinstrumente von Nicola und Andrea Amati und Giacomo Antonio Stradivari, die jeden Tag eingespielt werden müssen und bei

Lombardei, ab 1107 mit zweigeschossiger Fassade und schöner Fensterrose errichtet, Portalvorbau mit einem Reliefband (Darstellung landwirtschaftlicher Arbeiten im Jahreszyklus) aus dem 13. Jh. Im dreischiffigen Inneren u. a. Fresken lombardisch-venetischer Meister.

MUSEO STRADIVARIANO

Im Gebäude des Museo Civico ist die Sammlung mit Erinnerungsstücken an den großen Violinenbauer untergebracht, der 1737 in Cremona im Alter von 91 Jahren starb. *Di–Sa 9 bis 18, So 10–18 Uhr | 7 Euro (mit Pinakothek), Sammelkarte für alle Museen 10 Euro | Via Dati 4*

PIAZZA DEL COMUNE

Das monumentale Zentrum der Stadt, einer der schönsten mittelalterlichen Plätze Italiens mit dem Dom, dem gotischen Torrazzo, dem romanischen Baptisterium, der Loggia dei Militi (Versammlungssitz der Führer der städtischen Milizen) und dem Palazzo del Comune (alter Amtssitz der Stadtregierung).

TORRAZZO ☀

Das Symbol der Stadt und mit 111 m der höchste Glockenturm Italiens, wurde 1267 errichtet. Es lohnt, ihn zu besteigen – großartige Aussicht. *Tgl. 10–12.30 und 14.30–17.40 Uhr | 4 Euro*

■ ESSEN & TRINKEN
OSTERIA PORTO MOSA

Rustikales Ambiente, typische Küche mit *mostarda* (in Senf gekochte Früchte), aber auch äußerst kreativ und von hoher Qualität. Gleich nebenan die *Enoteca Catullo* mit Weinprobe. *So geschl. | Via Santa Maria in Betlemme 11 | Tel. 03 72 41 18 03 | €*

■ ÜBERNACHTEN
HOTEL ASTORIA

Das ruhige, angenehme Familienhotel liegt in einer Seitengasse in der Innenstadt. *32 Zi. | Via Bordigallo 19 | Tel. 03 72 46 16 16 | Fax 03 72 46 18 10 | www.dinet.it/astoria | €*

■ AUSKUNFT

Piazza del Comune 5 | Tel. 037 22 32 33 | Fax 03 72 53 40 80 | www.comune.cremona.it

MANTUA (MANTOVA)

[131 F5] ★ **Am Mincio gelegen, der hier kleine Seen bildet, trägt Mantua (52 000 Ew.) noch immer das Gewand einer Residenzstadt.** Unter der Herrschaft der Familie Gonzaga überflügelte der Ort im 15./16. Jh. alle Nachbarn und wurde zu einem der prunkvollsten Hofsitze Europas. Die größten Künstler der Zeit – Andrea Mantegna, Leon Battista Alberti, Giulio Romano – ließen sich von den Gonzaga in Dienst nehmen. Großartige Kirchen wie Sant'Andrea (um 1470, Fassade in Form eines Triumphbogens) und San Sebastiano (1460 in klassischer Strenge) sowie viele Paläste entstanden.

Man bummelt angenehm in der Innenstadt z. B. über die malerische Piazza Erbe mit der romanischen Rotonda di San Lorenzo oder durch die Einkaufsstraßen Via Roma und Corso Umberto I. Die von der nahen Emilia beeinflusste Küche Mantuas wird von Feinschmeckern gerühmt.

■ SEHENSWERTES
PALAZZO DUCALE

Ausgehend von einem mittelalterlichen Wehrturm mit acht Baukörpern, mehreren Innenhöfen, Terrassen und hängenden Gärten, ist der Palazzo Ducale eine regelrechte Stadt in der Stadt, zu der jeder Gonzaga-Herzog von Mitte des 15. bis Anfang des 17.

Jhs. etwas beitragen wollte. Eine der größten Kunstsammlungen Europas wurde später in alle Winde zerstreut.

Geblieben ist das großartige Fresko, das Andrea Mantegna in zwei Arbeitsphasen um 1465 und 1474 in das berühmte Hochzeitszimmer *Camera degli Sposi (Anmeldung unter Tel. 04 12 41 18 97 obligatorisch | 1 Euro)* malte. Es zeigt Markgraf Ludovico mit Frau und Hofstaat, wie er auf seinen Sohn Francesco wartet, der zum Kardinal ernannt wurde, was in einem Brief mitgeteilt wird, den der Graf noch in der Hand hält. Mit ihrem repräsentativen Gestus wurde die Camera degli Sposi zum Vorbild für viele andere europäische Fürstenhöfe.

Di–So 8.30–19 Uhr | 10 Euro | Piazza Sordello 40 | www.mantovaducale.it

PALAZZO DEL TÈ

Den Sommersitz der Gonzaga am Südende der Stadt schuf Giuliano Romano im Stil der Hochrenaissance um 1535. Beeindruckend ist die prachtvolle Innenausstattung mit Fresken und Grotesken. *Mo 13–18, Di–So 9–18 Uhr | 9 Euro | Viale Tè 13 | www.palazzote.it*

■ ESSEN & TRINKEN ■

BUCA DELLA GABBIA

In der Weinbar an der Torre della Gabbia trifft man sich zum Aperitif. Große Auswahl auch glasweise und

> BLOGS & PODCASTS

Gute Tagebücher und Files im Internet

> *www.podcast.de/schlagzeile/mailand* – Eine Podcast-Suchmaschine stellt Ihnen alles zusammen, was zu Mailand im Angebot ist.

> *http://thesartorialist.blogspot.com* ein Fotoblog mit schicken Menschen, die der Autor auf der Straße getroffen und abgelichtet hat. Dazu sollen Einkaufstipps in den Modestädten dieser Welt kommen. Obenan natürlich: Mailand.

> *http://italienpolitik.blog.de* – Von Politik und Kultur handelt dieser deutsche Blog.

> *www.hotelsbycity.net/blog/eur_italy_milan* – Ein Blog mit Tipps zu Sehenswertem, Hotels und Ausflugszielen und Erlebnissen von Ausländern in Mailand, verfasst auf Englisch

von mehreren Autoren, die über Museumsbesuche ebenso erzählen wie über die Recherche nach einem Fahrradverleih in der Provinz.

> *http://kortissimo.wordpress.com* – Dieser Blog wirft einen hintergründigen Blick auf Wirtschaft und Gesellschaft in Italien und auch in Mailand.

> *http://themilandailyfashionblog. blogspot.com* – Lektionen in Mailänder Stilempfinden bekommen Sie unter dieser URL.

> *www.wikio.com/podcast/fashion* – Hier können Sie sich einen personalisierten Mode-Video-Podcast zusammenstellen; wählen Sie nach Designern, Kollektionen oder Schauen aus, die Sie interessieren.

kleine Speisen. *Tgl.* | *Via Cavour 98* | *Tel. 03 76 36 69 01* | €

OSTERIA L'OCHINA BIANCA
Exzellente Küche auf Mantovaner Art, typisch für die Gegend sind der Gebrauch von Kürbis und Reis mit

Leoni 24 | *Tel. 03 76 32 64 65* | *Fax 03 76 32 15 04* | *www.albergobianchi. com* | €

HOTEL ANTICA DIMORA MANTOVA
Schönes Haus in einem Palazzo aus dem 18. Jh. *11 Zi.* | *Corso Vittorio*

Göttergewitter: Jupiter schleudert Blitze in Mantuas Palazzo del Tè

gebratenem Fisch. *Mo geschl.* | *Via Finzi 2* | *Tel. 03 76 32 37 00* | €€

OSTERIA IL PORTICHETTO
Typische Gerichte, wunderbarer *luccio* (Hecht). *So-Abend und Mo geschl.* | *Via Portichetto 14* | *Tel. 03 76 36 07 47* | €€

■ ÜBERNACHTEN ■
ALBERGO BIANCHI STAZIONE
In einem ehemaligen Kloster beim Bahnhof, einfach. *51 Zi.* | *Piazza Don*

Emanuele II 89 | *Tel. 03 76 32 50 02* | *Fax 03 76 31 03 03* | *www.anticadimo ramantovana.it* | €–€€

■ AUSKUNFT ■
Piazza Mantegna 6 | *Tel. 03 76 43 24 32* | *Fax 03 76 43 24 33* | *www.turismo.mantova.it*

■ ZIELE IN DER UMGEBUNG ■
SABBIONETA ★ [131 E5]
Das sind Träume, die nur in der Renaissance wahr werden konnten:

1554 wollte Vespasiano Gonzaga es seinen eingebildeten Vettern in Mantua zeigen und zog sich aufs Dorf zurück. Hier in Sabbioneta, rund 35 km südwestlich von Mantua in einer Poschleife gelegen, ließ er einen kleinen Hofstaat aus dem Boden stampfen mit Palazzo Ducale und Theater (Teatro Olimpico), Kunstgalerie und Waffenhof, Kirchen, Klöstern und Palästen (teilweise herrlich ausgemalt), das Ganze von einer Befestigungsanlage gesichert. Besichtigung der Innenräume nur mit Führungen: *April–Sept. Mo–Sa 9–12 und 14.30–18, So 9–12 und 13.30–19 Uhr, Okt.–März Di–Sa 9–12 und 14.30 bis 17, So 9–12 und 14.30–18 Uhr | 8 Euro | beim Ufficio Turismo (Piazza D'Armi 1) | Tel. 03 75 22 10 44 | www. comune.sabbioneta.mn.it*

PAVIA

[130 B5] Kurz vor der Mündung des Ticino in den Po liegt Pavia (76 000 Ew.), Hauptort der südlichsten lombardischen Provinz. Im Langobardenreich war es neben Monza Regierungssitz. Im Mittelalter entstanden in der Freistadt Hauptwerke der romanischen Architektur wie die Basilika *San Michele* (ursprünglich eine langobardische Gründung) und die Kirche *San Pietro in Ciel d'Oro* (1132), wo die Gebeine von Sant'Agostino, dem großen Kirchenlehrer des Frühchristentums, aufbewahrt werden. Die überdachte Brücke über den Fluss ist die Rekonstruktion einer Renaissanceanlage.

Bereits im Mittelalter wurde die *Universität* gegründet, die die Österreicher förderten und ausbauten (sehenswerte Innenhöfe von der Strada Nuova aus zugänglich). Auf der Piazza della Vittoria sitzt man schön in Straßencafés vor dem *Dom* (ab 1488) und dem *Broletto* (altes Rathaus). Eine wundervoll duftende Kaffeerösterei ist *Janko* im Corso Strada Nuova 19.

Am Kanalufer lockt ein Weinlokal mit typischen Speisen wie Gnocchi mit Ricotta, die *Osteria del Naviglio (Mo geschl. | Via Alzaia 39 b | Tel. 03 82 46 03 92 | www.osteriadelnaviglio.it | €).* Im Grünen vor der Stadt liegt das komfortable Hotel *Cascina Scova (39 Zi. | Via Vallone 18 | Tel. 03 82 41 36 04 | Fax 03 82 47 63 28 | www.cascinascova.it | €€).* Auskunft: *Via Fabio Filzi 2 | Tel. 038 22 21 56 | Fax 038 23 22 21 | www.turismo.provincia.pv.it*

■ ZIELE IN DER UMGEBUNG ■

CERTOSA DI PAVIA ★ [130 B4]

Knapp 10 km nördlich erhebt sich die Certosa von Pavia wie eine kostbare Krone aus der etwas eintönig-flachen Sumpflandschaft. Das Kartäuserkloster, das wie ein Schloss wirkt, wurde 1390 vom Visconti-Herzog gebaut, um die Grablege der Familie aufzunehmen. 100 Jahre später entstand die prächtige Marmorfassade der Kirche. Herrliche Innenhöfe, man kann auch Mönchszellen besichtigen. Am Wochenende ist die Certosa meist ziemlich überlaufen. *Di–So 9–11.30 und 14.30–17.30, Nov.–März nur bis 11 bzw. 16.30 Uhr | Eintritt frei (Spende erwünscht)*

LOMELLINA [130 A–B 4–5] Inside Tipp

Ein ganz anderes Gefühl von Italien vermittelt eine Fahrt durch die Reisfelder der Lomellina, die gegen Ende

April geflutet werden und dann bis zum Juli unter Wasser stehen; geerntet wird im September. Einige Reisbauern bieten Direktverkauf an, z. B. die *Riseria Saracco* in *Mezzano* bei Sannazzaro erstklassigen Risottoreis der Sorte Carnaroli. Und in *Mortara* können Sie in der *Gänseschlachterei Palestro (Via Sforza Polissena 27)* die besten Gänselebern ganz Italiens kaufen.

OLTREPÒ PAVESE [130 B-C 5–6]

Jenseits („oltre") von Po, Ticino und Autobahn beginnt 20 km südlich bei Stradella das Hügel- und Rebenland des Oltrepò Pavese. Eines der Weinzentren ist *Santa Maria della Versa* 11 km südlich von Stradella. Hier lädt die *Trattoria Ruinello (Mo-Abend und Di geschl. | Frazione Ruinello di Sotto 1 a | Tel. 03 85 79 81 64 | €)* an rustikale Tische.

VIGEVANO ⭐ [130 B4]

Die 35 km nordwestlich von Pavia gelegene Stadt (65 000 Ew.) besitzt mit dem arkadengesäumten, 138 × 48 m großen Rechteck der *Piazza Ducale* einen der schönsten Plätze Italiens und der Renaissance, entstanden um 1494 im Auftrag des Mailänder Herzogs Ludovico il Moro direkt vor seiner Burganlage. 200 Jahre später verkleinerte man den Aufgang zur Burg und schuf an der östlichen Seite eine Barockfassade vor dem Dom und dem dahinter liegenden Marktplatz, sodass die Piazza jetzt auf den Dom ausgerichtet scheint und gleichsam „gedreht" wurde. Durch die Anlagen der *Sforza-*

Die ganze Pracht der Renaissance: Kreuzgang der Certosa di Pavia

Burg kann man täglich spazieren, den ☀ *Turm (Di–So 10–12.30 und 14.30 bis 17, So bis 18 Uhr | 1,50 Euro)* mit schöner Aussicht besteigen.

In und um Vigevano haben sich eine ganze Reihe von Betrieben angesiedelt, die Schuhe herstellen (auch mit Straßenverkauf, etwa an der Straße nach Mortara). Im Stadtmuseum gibt es eine eigene Abteilung für Schuhe *(Museo Internazionale della Calzatura | Di–Fr 10–13 und 14–18, Sa/So 10–18 Uhr | 2,50 Euro | Corso Cavour 82).*

Exzellente Küche genießen Sie im *Ristorante I Castagni (So-Abend, Di-Mittag und Mo geschl. | Via Ottobiano 8/20 | Tel. 038 14 28 60 | www.ristoranteicastagni.com | €€),* etwa Risotti oder Entenravioli und dazu eine große Auswahl an Antipasti. Auskunft: *Corso Vittorio Emanuele II 25 | Tel. 03 81 29 92 91*

VALTELLINA

[131 D1] Eines der liebsten Skigebiete der Mailänder lockt auch im Sommer mit Ausflugszielen für Wanderer. Der kleine Provinzhauptort *Sondrio* (21 000 Ew.) liegt im mittleren Teil der Valtellina, die sich längs der Adda vom Comer See unter den Ausläufern des Berninamassivs zwischen Chiavenna und dem Stilfser Joch hinzieht. Hier dreht sich alles um die Natur, sogar im größten Museum, in dem man die Geschichte des Tals und seiner Bewohner kennenlernt *(Museo Valtellinese | Di–Sa 10–12 und 15–17 Uhr | Via Quadrio 27).* In *Castionetto* bei Chiuro 10 km östlich von Sondrio isst man sehr angenehm in der *Trattoria Fancoli (tgl. | Via Madonnina 35*

| Tel. 03 42 56 30 06 | €). In *Chiuro* können Sie das große Weingut von *Nino Negri (Via Ghibellini 1)* besichtigen. Einen Überblick über die Weine der Valtellina gibt in Sondrio die *Enoteca Amici Vecchie Cantine (So geschl. | Via Parravicini 6).*

Viele Agritourismusbetriebe bieten sich für einen naturnahen Urlaub an, z. B. die *Casa Sharma (Roncaglio di Sotto/Civo | Tel. 03 42 65 07 42 | €)* mit Restaurant. Über Wanderwege gibt das *Ufficio Turistico (Via Trieste 12 | Tel. 03 42 51 25 00 | Fax 03 42 21 25 90 | www.provincia.so.it)* Auskunft. Im 2000 m hoch gelegenen *Livigno* oberhalb von Bormio lockt eine zollfreie Einkaufszone *(www.livigno.com).* Hinter Bormio kommt man zum *Stilfser Joch,* mit 2757 m einer der höchsten Pässe Europas, und nach Südtirol.

VARESE

[130 A2] Manchem Besucher mag diese elegante, ordentliche Gartenstadt mit einem eigenen kleinen See zu Füßen schon helvetisch vorkommen. Und tatsächlich ist die Grenze zum Tessin nah. Dennoch ist Varese (85 000 Ew.) ein lebhafter Hauptort einer italienischen Provinz, in dem sich viele Schuhfabriken angesiedelt haben.

Sehenswert sind der *Palazzo Estense,* ein spätbarocker Bau (heute Rathaus), und das *Civico Museo di Villa Mirabello (Di–So 10–12.30 und 14–17.30 Uhr | 3 Euro)* im großen englischen Garten hinter der Villa Estense mit einer hübsch aufbereiteten archäologischen Sammlung. Im Ortsteil Biumo hat einer der größten Kunstsammler Italiens, Giuseppe Pan-

Barocke Villen, blühende Gärten: Die Isola Bella im Lago Maggiore macht ihrem Namen Ehre

za di Biumo, seine *Villa Panza di Biumo (Di–So 10–18 Uhr | 8 Euro, bei Sonderausstellungen 15 Euro | Piazza Litta 1)* aus der Barockzeit mit einem herrlichen Garten der Öffentlichkeit zugänglich gemacht. Er zeigt Werke vor allem von amerikanischen Künstlern der Minimal-, Concept- und Land-Art.

Traditionelle Küche mit phantasiereichen Variationen bekommen Sie in der *Trattoria della Pesa (So geschl. | Via Cattaneo 14 | Tel. 03 32 28 70 70 | €€).* Auskunft: *Viale Ippodromo 9 | Tel. 03 32 28 46 24 | Fax 03 32 23 80 93 | www.vareseland oftourism.it*

■ ZIELE IN DER UMGEBUNG ■
COMER SEE
(LAGO DI COMO)   [130 B–C 1–2]

Der Lago di Como füllt ein vom Klima verwöhntes Voralpenbecken. Der Lario, wie er nach dem alten römischen Namen auch genannt wird, mit seiner typischen Form, einem auf den Kopf gestellten Ypsilon, bildet eine der ganz großen Naturschönhei-

ten der Lombardei. Über ihn informiert ausführlich der MARCO POLO Band „Oberitalienische Seen".

LAGO MAGGIORE   [130 A2]

Der mit 65 km Ausdehnung längste See Italiens wird vom Ticino gespeist. Anders als am Gardasee, gehört der Lombardei am Lago Maggiore das „ärmere" Ostufer, während der Norden zum Schweizer Kanton Tessin und das Westufer zur Region Piemont gehört. Von *Laveno,* dem Hauptort des lombardischen Ufers, wo auch die Autofähre zum Westufer nach Verbania ablegt, gibt es eine Bootsverbindung *(April–Sept. tgl. | 14 Euro | www.borromeoturismo.it)* zu den traumhaften *Borromäischen Inseln,* die mit dem barocken Park der *Isola Bella* und ihrem Palast in Form eines vor Anker liegenden Schiffs zu den Höhepunkten einer Italienreise zählen.

Ausführliche Informationen finden Sie in den MARCO POLO Bänden „Oberitalienische Seen" und „Tessin", sehr hilfreich ist auch die Website *www.lagomaggiore.net.*

FREIZEITPARKS UND KLEIN-ITALIEN
Oder gehen Sie doch einmal in den Park,
den Erwachsene nur in Begleitung von Kindern besuchen dürfen

> Mailand ist keine besonders kinderfreundliche Stadt – und kaum eine Woche vergeht, ohne dass Politiker Versprechen abgeben, daran endlich etwas zu ändern. Mailänder Eltern verraten hinter vorgehaltener Hand, dass sie bei schlechtem Wetter gerne zu Ikea fahren, damit die Kleinen sich im Kugelbad austoben können. Aber immerhin gilt: Die Italiener sind kinderlieb, und mit einem Kinderwagen muss sich niemand alleine Stufen hinab- oder in die Trambahn hineinplagen.

Inzwischen tut sich aber auch bei den Entscheidungsträgern etwas: Kinder unter sechs Jahren dürfen kostenlos die städtischen Verkehrsmittel benutzen. Zusätzlich darf ein Erwachsener bis zu zwei Kinder im Alter von sechs bis zehn Jahren mitnehmen. Voraussetzung jeweils: ein Dokument zum Altersnachweis.

GIARDINI PUBBLICI [124 B–C4]
Insider Tipp

Ein familienfreundliches Ziel, grün und mitten im Zentrum. Der Stadtpark wurde Mitte des 19. Jhs. als englischer Garten angelegt und beherbergt Spielplätze, große Grünflächen, Erfrischungskioske und kleinere Fahrgeschäfte. Das *Museo Civico di Storia Naturale (Di–So 9–17.30 Uhr | 3 Euro, Kinder frei, Fr ab 14 Uhr Eintritt frei | Corso Venezia 55)* im Park mit 23 Abteilungen von der Botanik bis zur Zoologie bietet auch ein Kinderprogramm an. Auch im Planetarium *(Civico Planetario Ulrico Hoepli | Corso Venezia 57 | Tel. 02 88 46 33 40 | www.comune. milano.it/planetario | Metro: M 1 Palestro)*, ebenfalls im Park, gibt es am Sonntagnachmittag oft Vorführungen für Kinder. *Tgl. 6.30–20, im Sommer bis 23 Uhr | Zugänge: Via Manin, Via Palestro, Corso Venezia, Bastioni di Corso Venezia | Metro: M 1 Palestro, Porta Venezia, M 3 Turati, Repubblica*

GIARDINI DI VILLA REALE [121 F1]
Ein paar Schritte weiter finden Sie diesen fröhlichen kleinen Park im Stil der Romantik rund um die Villa Reale, in den – laut Aufschrift am Eingang – Erwachsenen der Zutritt nur in Begleitung von Kindern gestattet ist. *Tgl. 9–16, im*

> MIT KINDERN UNTERWEGS

*Sommer bis 19 Uhr | Via Palestro 15 |
Metro: M 1 Palestro*

IDROSCALO (PARCO AZZURRO)   [0]

Um einen künstlichen See herum, der
in den Zwanzigerjahren des 20. Jhs.
ursprünglich als Landeplatz für Wasser-
flugzeuge angelegt wurde, ist vor der
Stadt beim Flughafen Linate ein Freizeit-
und Vergnügungspark mit Bade- und
Surfmöglichkeiten entstanden, in dem
im Sommer auch Musikveranstaltungen
stattfinden. *temi.provincia.milano.it/
idropark | Bus 927 vom Corso Europa*

MINITALIA LEOLANDIA PARK   [130 C3]

Wollen Sie Ihren Kindern in wenigen
Stunden ganz Italien zeigen? In diesem
Freizeitpark in Capriate an der Autobahn
Mailand–Venedig nahe Bergamo ist das
ganze Land in Miniaturausgabe nach-
gebildet. Ein Spaziergang führt in etwa
30 Minuten von den Alpen bis zur
Stiefelspitze. Das Angebot komplettieren
Spielplätze, Fahrgeschäfte, eine Park-
eisenbahn und Restaurants. *Stark
gestaffelte Öffnungszeiten, April–Juli
meist Di–So 9.30–18.30, Aug. tgl.
9.30–19.30, März, Sept. und Okt. meist
Sa/So 9.30–18.30 Uhr | 21 Euro, Kinder
16 Euro | Via Vittorio Veneto 52 |
www.leolandiapark.it*

PARCO ITTICO PARADISO   [130 C4]

Ein schönes Ausflugsziel in der Umgebung ist dieser Tierpark in Zelo Buon
Persico bei Paullo im Südosten Mailands. Unzählige Tierarten beherbergt
das kleine Naturreservat, Vögel, kleine
Säugetiere und vor allem Fische. Hier
sind einmal nicht sie hinter Glas, sondern die Besucher: Von Unterwasser-
stationen mit Fenstern aus können sie
die Fische in ihrer natürlichen Umgebung
betrachten. Damit es nicht nur beim
Zuschauen bleibt, gibt es auch einen
Streichelzoo, außerdem einen Spielplatz,
ein Restaurant, Bars und einen überdachten Picknickplatz. *März–Sept. Mo–Fr
9–17.30, Sa/So 9–19 Uhr | 10 Euro, Kinder
8 Euro, bis vier Jahre frei | Ortsteil Villa
Pompeiana | www.parcoittico.it*

> SPAZIERWEGE DURCH ALLE ZEITEN
Von den Spuren der alten Römer und frühen Christen bis zu den
Konsumwelten des dritten Jahrtausends

Die Spaziergänge sind auf dem hinteren Umschlag und im Cityatlas grün markiert

1 BLUTSPUREN UND WUNDER

**Ein kleiner Gang durch das ehemalige
Adelsviertel südwestlich von der Piazza Duomo, der auch einen Einblick in die
Zeitgeschichte bietet. Dauer mit Besichtigungen ca. zwei Stunden.**

Von der Piazza del Duomo biegen
Sie in die lebhafte Einkaufsstraße Via
Torino ein (gleich an der Ecke das
Marzipangeschäft der sizilianischen

Brüder Freni), die das frühere Adelsviertel der Stadt durchschneidet. Im
Zweiten Weltkrieg sind hier viele
Paläste zerstört worden, und noch
heute kann man Baulücken sehen.
Zum Glück haben die Bomben die
Kirche Santa Maria presso San Satiro *(S.
29)* verschont. Bilderschänder hatten
im Ausgang des 15. Jhs. ein Marien-
fresko an der Straße Corsia della Palla
(die heutige Via Torino) mit Steinen
beworfen. Daraufhin sollen sich auf

Bild: Piazza del Duomo

STADT
SPAZIERGÄNGE

dem Antlitz der Madonna deutliche Blutspuren gezeigt haben. Herzog Gian Galeazzo Sforza ordnete den Bau einer Kirche für das Bild an. Im kleinen Inneren *(tgl. 7.30–11.30 und 15.30–18.30 Uhr)* hat Bramante mit Hilfe eines optischen Tricks eine virtuelle Apsis für das Wunderbild der verletzten Maria geschaffen, die staunen macht.

Die Via Torino bietet mit vielen Schaufenstern Einblicke in die gegen-wärtige Konsumwelt; die Bürgerstei-ge sind vor ein paar Jahren verbreitert worden, damit man besser bummeln kann. Aber auch andere Einblicke sind möglich: Gleich links hinter San Satiro geht die Via Unione (ehe-mals Contrada dei Nobili) ab, deren noble Vergangenheit nur noch bei der Hausnummer 5 im Palazzo Erba-Ode-scalchi mit seinem arkadengesäumten Hof zu erahnen ist. Die Anlage, ur-sprünglich aus der Renaissance, wurde 1946–48 als Übergangslager für nord- und mitteleuropäische Juden genutzt, bevor sie auf dem Weg nach Palästina in die ihnen zugewiesen Häfen weiterzogen. Heute residiert die Polizei im Palazzo Erba-Odescalchi.

Die Via Torino überquerend, erreichen Sie dann über die Piazza Santa Maria Beltrade mit dem schönen Straßencafé **Bubolo Bar** *(Di geschl.)* die Via Asole und links in die Via Cardinale Federico einbiegend an einer *enoteca* vorbei die **Piazza San Sepolcro.** Neben dem früheren Haupteingang der Biblioteca Ambrosiana steht die Kirche **San Sepolcro** *(tgl. 12–14.30 Uhr),* eine mittelalterliche Gründung eines Privatmanns, der bei den Kreuzzügen sein Glück gemacht hatte. Die Ambrosiana füllt das Gelände des antiken Forums, des wichtigsten Platzes des Imperiums, als Mailand als „Mediolanum" von 383 bis 404 Rom überflügelte und Hauptstadt des Weströmischen Reichs war.

Gegenüber steht ein fremd wirkender Betonturm mit einem Balkon neben den zarten Formen eines Rokokohauses. In diesem Haus, der **Casa dei Castani,** hatte der Verband der Händler und Kaufleute seinen Sitz, vor dessen Mitgliedern Benito Mussolini am 23. März 1919 die Gründung der „Fasci Italiani di Combattimento" bekanntgab – die Geburtsstunde der faschistischen Bewegung, deren Anhänger man daher zuerst auch Sansepolcristi nannte. Wenig später richteten sich die Faschisten in diesem Palazzo ein und zogen den Beton- und „Redeturm" **(Torre Litoria)** hoch. Auf dessen Balkon hatte der Duce später einen seiner letzten öffentlichen Auftritte.

Von der Via Bollo aus und der „Cinque Vie" („Kreuzung der fünf Straßen") erreicht man links über die Via Santa Maria Podone die **Piazza Borromeo.** Auf der Piazza, die einst zum Privatbesitz der mächtigen Adelsfamilie gehörte, steht heute noch die Hauskirche der Familie, **Santa Maria Podone,** neben sich ein kleines Denkmal des heiligen Carlo. Carlo Borromeo reformierte zum Ausgang des Tridentiner Konzils radikal die Mailänder Diözese, hielt sich die spanische Inquisition vom Hals, ersetzte sie durch eine eigene, „mildere", und spendete in den Pestjahren 1576/77 tat- und wunderkräftig Hilfe. Auf der anderen Seite der Piazza liegt der inzwischen weitgehend umgebaute mittelalterliche Palazzo Borromeo.

Über die Via Borromei (sehr eng, Vorsicht Autoverkehr) und die Via Santa Maria alla Porta erreichen Sie die Via Meravigli. An der Kreuzung liegt die **Bar Marchesi** *(Mo geschl.),* in der Sie sich stärken können. Mit der Tram 16 können Sie zur Piazza del Duomo (drei Haltestellen) zurückfahren.

2 KULTUR IN ALLEN FACETTEN

Um Kunst, Literatur und Musik dreht sich dieser Spaziergang durch elegante Straßen und Plätze nördlich des Doms. Dauer mit Besichtigungen ca. vier Stunden.

Vom Domplatz geht es durch die **Galleria Vittorio Emanuele II** *(S. 31)* zur Piazza della Scala. Über dem Verwaltungstrakt der Scala „schwebt" seit Ende 2004 der umstrittene, ellipsenförmige Aufbau von Mario Botta. Der Platz mit dem etwas einfältigen Leonardo-Denkmal entstand Ende des 19. Jhs., als man eine Häusergruppe zwischen dem Teatro alla Scala und dem Rathaus, dem Palazzo Marino, abriss. Damals bekam der Palazzo Marino *(S. 31)* auch seine neue

ein Denkmal für den Schriftsteller Alessandro Manzoni, der 1873 im Alter von 88 Jahren über die Stufen der Kirche San Fedele stürzte und bald darauf starb.

Die frühbarocke Jesuitenkirche San Fedele ist die Hauptkirche des Mailänder Stadtadels. Im Inneren enthält sie einige Gemälde aus Santa Maria della Scala, jener Kirche, die dem

Die mittelalterliche Piazza Borromeo: einst Privatbesitz der mächtigen Familie Borromeo

Fassade. Wenn Sie um ihn rechts herumgehen (vorbei an Centenari, einem Geschäft für Kunstdrucke, Plakate und Stadtansichten), erreichen Sie die Piazza San Fedele. Das ist ein kleiner, ruhiger Platz, auf den die frühere Hauptfassade des Palazzo Marino ausgerichtet ist. Er ist Treffpunkt für ältere Mailänder, die hier gerne diskutieren. In der Mitte steht

Opernhaus hatte weichen müssen. Außerdem kann man Keramikarbeiten des Italoargentiniers Lucio Fontana entdecken, der sich in der Kunst der Moderne durch zerstochene und zerschnittene Leinwände einen Namen gemacht hat. Fontana starb 1968 in Mailand.

Die Via Agnello und gleich links die Via Hoepli (große Buchhandlung des Verlags der Familie Hoepli, die aus Zürich stammt und seit 1870 in Mailand ansässig ist) führen zur kalten Pracht der Piazza Meda, seit Längerem leider eine Großbaustelle, mit einer großen Skulptur von 1980 von dem in Mailand lebenden Künstler Arnaldo Pomodoro (eine Bronzescheibe, die sich unmerklich dreht).

Durch die Via Verri kommen Sie ins Modeviertel (S. 30 und 56), das Sie diesmal aber über die Via Bigli umgehen. Denn in der Via Bigli stehen schöne Herrschaftshäuser, z. B. der Palazzo Bigli (Nr. 11), der im frühen 16. Jh. im Stil Bramantes entstand (Fresken aus der Werkstatt von Bernardino Luini).

Die Via Manzoni überquerend, biegen Sie nun in die Piazza zwischen dem Grand Hotel et de Milan und dem Armani-Kaufhaus ein. An der Seite zum Platz liegt die Armani-Bar (So geschl.). Hinter dem postmodernen Kubus von Aldo Rossi verläuft die Via Giardini mit einem kleinen Park, in dem Sie sich ausruhen und Kindern beim Spielen zusehen können. Weiter geht es über die Via dei Giardini oder über die Via Borgonuovo zur Via Fatebenefratelli und der Augustinerkirche San Marco mit einigen interessanten Fresken – kürzlich sind Reste aus der Zeit der Kirchengründung im 13. Jh. entdeckt worden.

Die Via Fatebenefratelli gehört zum Cerchio dei Navigli, zum Kanalring, der bis vor 70 Jahren um Mailand herumführte. Auf alten Fotos kann man San Marco noch am Wasser liegen sehen. Durch die heutige Via San Marco (kleiner Markt Mo- und Do-Vormittag) verlief einst der Naviglio Martesana, im oberen Teil der Straße bei den Bastioni di Porta Nuova ist eine alte Schleusenanlage erhalten.

Inside Tipp

Über die Via Solferino – an der Ecke zur Via Castelfidardo können Sie im Ausschank La Chiusa (So geschl.) ein Glas Wein trinken und eine Kleinigkeit essen – kommen Sie

Die Via Manzoni bildet den nordwestlichen Abschluss des Modeviertels

zur **Via Moscova**. Bei der Metrostation an der Ecke zum Largo La Foppa befindet sich die **Libreria Utopia**, die Buchhandlung der Mailänder Anarchisten. Zurück zum Dom fährt man mit der grünen Linie (M 2) Richtung Cadorna, dort umsteigen in die rote Linie M 1.

3 RÖMISCHE SÄULEN UND FRÜHCHRISTLICHE KIRCHEN

Ein kleiner, einstündiger Gang von Sant'Ambrogio über Sant'Eustorgio nach San Lorenzo durch frühchristliche Zeiten, die immer wieder ganz modern gebrochen werden.

Die Besichtigung der stimmungsvollen Basilika von **Sant'Ambrogio** (S. 41) gehört zu den eindringlichsten Erlebnissen, die ein Mailandbesuch bietet. Sie können die Kirche dann durch den Nebenausgang hinter der Statue von Papst Pius IX. im rechten Seitenschiff verlassen und kommen über einen kleinen Weg (links Gebäude der katholischen Universität) in die Via Lanzone (kleine Antiquitätengeschäfte).

Über die Via Orazio erreichen Sie die lebhafte Piazza della Resistenza Partigiana – an der Ecke zum Corso Genova die Bar und Konditorei **Cucchi** *(Mo geschl.)*. Vom Corso Genova biegt nach ein paar Metern rechts die Via Calocero ab (links die **Golden Bar** mit frischen Brötchen zur Mittagszeit), die zur merkwürdigen Kirche **San Vincenzo in Prato** führt. Hier lag ein frühchristlicher Friedhof, eine erste Kirche ist um 830 bezeugt. Ab dem 9. Jh. entstand die romanische Basilika; sie wurde mehrfach umgebaut, 1798 profaniert und später sogar als chemische Fabrik genutzt. Um 1889 ließ man San Vincenzo restaurieren.

Sie gehen dann hinter der Kirche über die Via Ariberto und die Via Marco d'Oggiono über den Corso Genova (mit vielen interessanten Geschäften und links einem überdachten Lebensmittelmarkt) hinaus. Rechts sieht man in der Via Conca del Naviglio hinter einem Zaun das kleine Hafenbecken **Conca del Naviglio**, wo Marmor für den Dombau verladen wurde. Zwischen Via Conca del Naviglio und Via Arena lag in römischer Zeit das Amphitheater.

Durch die Via Scaldasole (hinter dem Supermarkt) erreichen Sie den Corso di Porta Ticinese und die Kirche **Sant'Eustorgio** (S. 44). Rechts an der Kirche vorbei führt eine Straße zum *Parco delle Basiliche.* Die große **Insider Tipp** Grünanlage mit Kinderspielplätzen verbindet – obgleich durch die Via Molino delle Armi leider ohne Fußgängerüberweg durchschnitten – die Basiliken von Sant'Eustorgio und San Lorenzo miteinander. Man nähert sich so **San Lorenzo Maggiore** (S. 29) von hinten und kann gut den unregelmäßigen Kapellenkranz sehen, der sich in unterschiedlichen Jahrhunderten um den Kirchbau gelegt hat.

Die ▸▸ Piazza vor der Kirche mit den römischen Säulen ist heute ein Treffpunkt der Jugend- und Alternativszene. Abends öffnen in der Umgebung viele Kneipen. Sie gehen nun durch die *Via Mora* (in Nr. 9 der Szenetreffpunkt ▸▸ **Berlin Café,** *tgl.),* an deren Ende die große Eisbar **Oasi del Gelato** und nebenan die **Pizzeria Naturale** *(Mo geschl.)* liegt. So kommen Sie wieder nach Sant'Ambrogio zurück.

EIN TAG IN MAILAND

Action pur und einmalige Erlebnisse.
Gehen Sie auf Tour mit unserem Szene-Scout

SZENE-SNACK

7:00

Nachtschwärmer und Frühaufsteher treffen bei *Princi,* Mailands trendigster Bäckerei, aufeinander. Rund um die Uhr gibts frisch gebackene Kuchen, *focacce,* Pizzas und auch noch was zu sehen: Die Uniformen der Angestellten wurden von Giorgio Armani entworfen. **WO?** *Via Speronari 6 | www.princi.it*

9:00

AUFSITZEN!

Gut gestärkt gehts jetzt ins Grüne. Auf dem Rücken eines Pferdes kann man die Ruhe der Natur

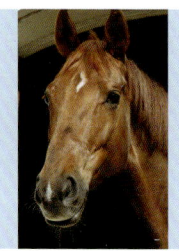

genießen. Wer mehr Lust auf Action hat, der prescht im wilden Galopp über die Wiesen und Feldwege am Stadtrand Milanos. Das Reitsportzentrum *Centro Ippico* gibt auch Stunden für Anfänger. **WO?** *Via Macconago 20 | Anmeldung unter Tel. 025 39 20 13 | Kosten: ab 25 Euro | www.centroippicomilanese.it*

SCHLEMMEN UND TESTEN

12:00

Hunger? Dann nichts wie ab ins *Ristorante Frantoi Celletti & Cultivar.* Wer urige Italoatmosphäre erwartet, wird Augen machen: Das Restaurant präsentiert sich im schicken Industrie-Look. Auf die Teller kommen jedoch mediterrane Gerichte, deren Basis Olivenöl ist. Anschließend geht es zur Olivenölverkostung. **WO?** *Via Zuccoli 6, Ecke Via Gluck 56 | Tel. 02 66 98 37 12 | www.frantoicelletti.com*

15:00

HINTER DEN KULISSEN

Jetzt wirds spannend: In den Werkstätten der Scala kann man den Bühnenbildnern, Schreinern und Dekorateuren über die Schulter schauen. Hier werden die Bühnenbilder gezimmert und bis zu 1000 Kostüme pro Saison geschneidert. Wenn der Chor probt, gibts ein Gratiskonzert dazu. **WO?** *Via Bergognone 34 | Di und Do 15 Uhr | Kosten: 5 Euro | Anmeldung über Civita: Tel. 02 43 35 35 21 | www.teatroallascala.org*

24h

JUST RELAX!

16:00

Noch Platz für was Süßes? Das Verwöhnprogramm des *Glamin Dayspa* besteht aus Körperpeeling mit Vanillejoghurt und Rohrzucker, einer Maske aus Akazienhonig und einer Schokoladenmassage inklusive Kostprobe. **WO?** *Viale Regina Margherita 4 | Tel. 02 54 10 79 21 | www.glamin.it*

18:00

APERITIVO

In Mailand wird der Abend mit einem *aperitivo* eingeläutet. Beste Location dafür: die *Connie Douglas Residence,* ein *Case Study House,* in dem man neben Drinks und Fingerfood auch noch coole Ideen für das eigene Wohnzimmer bekommt. Erfrischender Eyecatcher: die geometrischen Pools mit farbiger Beleuchtung. **WO?** *Via Bordighera 15 | Tel. 02 45 48 59 32 | www.conniedouglas.com*

CUCINA MILANESE

19:00

Lust auf original italienische Gnocchi? Dann Schürze umbinden und gut zuhören. Im *Centro di Cultura Enogastronomica* lernt man die traditionellen Rezepte der Region kennen. Egal ob *gelati, tortelloni* oder *pasticceria:* Die Geheimnisse der Zubereitung werden gelüftet. Aufpassen und später die Daheimgebliebenen beeindrucken. Hunger? Die eben zubereiteten Leckereien dürfen anschließend verspeist werden. **WO?** *Via Ausonio 13 | Termine und Anmeldung unter Tel. 02 58 11 10 00 | www.altopalato.it*

23:00

LA VITA DELLA NOTTE

Mailands Nächte sind lang. Im schicken Club *Tocqueville 13* heißt es sehen und gesehen werden. Zuerst an der Bar einen Drink holen und dann die Tanzfläche rocken. Ein perfekter Ausklang. **WO?** *Via Alessio di Tocqueville 13 | www.tocqueville13.it*

> DAS LEBEN GENIESSEN

Unterwegs in der grünen Lombardei auf den Spuren
des guten Geschmacks

1 WEIN UND HISTORIE: DURCH DIE FRANCIA-CORTA NACH SOLFERINO

[131 D–F 3–4] Diese Tagestour von
etwa 120 km führt zunächst durch die
Franciacorta, das Weinbaugebiet westlich
von Brescia, und dann durch die liebliche
Endmoränenlandschaft südlich des Garda-
sees. Mit einer guten Karte kann man sich
besonders in der Franciacorta mit ihren
vielen kleinen Landstraßen noch besser
orientieren.

Bei der Touristeninformation APT
in Brescia bekommen Sie eine hilf-
reiche Liste der Winzer und Wein-
keller des Anbaugebiets (leider nur
auf Italienisch, im Internet unter *www.
franciacorta.net)*. Vorsicht: Die Polizei kontrolliert gründlich die Einhal-
tung der Promillegrenze (0,5).

Ausgangspunkt dieser Rundtour
ist das klitzekleine Thermalbad **Ome**
17 km nordwestlich von Brescia mit
dem Agritourismusbetrieb **Al Rocol**

AUSFLÜGE & TOUREN

(15 Zi. und 3 Apartments | Via Provinciale 79 | Tel. 03 06 85 25 42 | www.alrocol.com | €), wo Sie preisgünstig auch mit der Familie unterkommen und essen. Die Karte in der Hand, zuckelt man Haken schlagend über kleine Landstraßen bis nach Bettole und erreicht – die Staatsstraße SS 510 Richtung Camignone überquerend – das Herz der Franciacorta, ein kleines Gartenland mit sanften Hügeln, verträumten Orten, hübschen Villen – und manchmal überraschend lebhaftem Straßenverkehr. Die Franciacorta bringt hervorragende Sekte, aber auch volle Rotweine hervor. Bei vielen Winzern kann man einkaufen, die Kellereien besichtigen sowie ihre Weine probieren, u. a. bei **Il Mosnel** in **Borboglio** kurz vor Camignone. Beim nächsten Ort **Passirano** können Sie das Kastell besichtigen, das eine Schlossmauer wie aus dem Bilderbuch umgibt.

Von Passirano wählen Sie die Straße nach Westen Richtung Monterotondo und kommen über Corte Franca und Adro (eine Besichtigung mit Weinprobe lohnt das **Weingut Cornaleto**, *Via Cornaleto 2*) nach Erbusco. Im Städtchen *Erbusco,* in dem die renommierte **Sektkellerei Bellavista** liegt *(Via Case Sparse 11 | auch Restaurant | €€)*, lädt Gualtiero Marchesi, der wohl berühmteste und zugleich umstrittenste Koch Italiens, mit phantasievollen und immer neu variierten Gerichten in sein Küchenparadies **Ristorante Gualtiero Marchesi** *(wechselnde Ruhetage | Via Vittorio Emanuele II 1 | Tel. 03 07 76 05 62 | www.marchesi.it | €€€)*. Erheblich preisgünstiger isst man in der **Pizzeria**

Champagnerqualität haben viele der DOC-Sekte aus der Franciacorta

La Smorfia *(Di geschl. | Via Costa 9 | Tel. 03 07 26 84 34 | €)*. In der *Via Iseo 56* hat wochentags die **Enoteca Le Cantine** geöffnet, wo Sie alle Weine dieses Anbaugebiets zu Winzerpreisen kaufen können.

So macht man sich gut gestärkt auf die Weiterfahrt: zuerst von Erbusco 4 km südostwärts nach **Rovato** (kurios: Der Kirchturm ist aus dem alten Wachturm einer Burg entstanden), wo die Hügel der Franciacorta abrupt enden. In Rovato fahren Sie auf die Autobahn Richtung Venedig bis zur Abfahrt Desenzano und dann 6 km südlich nach **Castiglione delle Stiviere.** In Castiglione hat ein Familienzweig der Gonzaga bis zum Ende des 17. Jhs. residiert. Paläste und Brunnen im Ortskern zeugen davon. Beim nahen Solferino und kurz darauf in San Martino della Battaglia wurden im Sommer 1859 die blutigsten Schlachten der italienischen Einheitsbewegung zwischen Franzosen und Piemontesen einerseits und Österreich-Ungarn andererseits geschlagen. Der Anblick von Tausenden Verletzten soll dem Schweizer Philantropen Henri Dunant, der in Castiglione einquartiert war, den Anstoß zur Gründung des Roten Kreuzes 1863 in Genf gegeben haben. Zur Geschichte können Sie mehrere historische Museen besuchen, u. a. in Castiglione das **Museo Internazionale della Croce Rossa** *(Di bis So 9–12 und 14–17, im Sommer 15–18 Uhr | 1,50 Euro | www.micr.it | Via Garibaldi 50).*

Über Solferino (ca. 6 km südöstlich) und Pozzolengo fahren Sie nach San Martino della Battaglia und zur A 4 Richtung Mailand. Die Ausfahrt Ospitaletto führt auf einen Autobahnzubringer nach Brescia, den Sie nach rund 6 km bei Rodengo-Saiano Richtung Ome verlassen. Bis nach Ome sind es dann noch 5 km. Am nächsten Tag können Sie im **Franciacorta Outlet Village** *(Di–So 10–20, Mo 14.30–20 Uhr | Piazza Cascina Moie 1 | www.franciacortaoutlet.it)* in **Rodengo-Saiano** preisgünstig shoppen.

2 VENEZIANISCHE GRENZ-GÄNGE: VON CREMONA ÜBER CREMA NACH LODI

[131 D4–5] Der direkte Weg zwischen den beiden Städten in der Poebene beträgt knapp 40 km pro Strecke. Es ist aber viel spannender, auch die alten Befestigungsorte zu besuchen, die an der oft verwirrend verlaufenden ehemaligen Grenzlinie zwischen den Ländereien des Herzogtums Mailand und der Republik Venedig liegen. Mit diesen Schlenkern müssen Sie rund 170 km für die Tagestour rechnen.

Nehmen Sie von Cremona aus die SS 45 bis *(bis – mit langem i – bedeutet so viel wie „zusätzlich", „Zugabe" – auch nach einem Konzert kann man ein bis erwarten)* Richtung Norden bis nach Robecco, wo Sie nach Westen zum Ort **Corte de' Cortesi** abbiegen. Die **Trattoria Il Gabbiano** *(Do geschl. | Piazza Vittorio Veneto | Tel. 037 29 51 08 | www.trattoriailgabbiano.it | €€)*, in der man während des Sommers auch im Garten essen kann, bietet hier traditionelle und zugleich kreative Küche. Im nahen **San Gervasio** – auf einer pappelgesäumten Nebenstraße westlich über den Nachbarort Casalbuttano zu erreichen – probiert man am Verkaufsstand der Käserei **Caseificio Gervasino** himmlischen Grana Padano und viele andere Käsesorten mehr.

Venezianische Gefühle stellen sich in **Crema** ein. Das Bischofsstädtchen (35 000 Ew.) am rechten Ufer des

Den schönsten Blick über Cremonas Dächer haben Sie vom 111 m hohen Torrazzo

Serio gehörte von 1499 bis 1797 zum Herrschaftsgebiet Venedigs. Crema besitzt eine große, von Laubengängen gesäumte Renaissancepiazza, an der der **Palazzo del Comune** mit venezianischen Fenstern aus dem 16. Jh. steht. Hier liegt auch die größte Sehenswürdigkeit der Stadt, der lombardisch-gotische **Dom** (ab 1284). Sein Glockenturm aus der Renaissance prägt noch immer die Stadtsilhouette. In dem restaurierten Komplex des Augustinerklosters ist ein kleines **Stadtmuseum** *(Centro Culturale Sant'Agostino | Di–Fr 9–13 und 14.30–17.15, Sa/So 10–12 und 15.30–18.30 Uhr | Eintritt frei | Via Dante 49)* untergebracht, in dem oft wichtige Ausstellungen gezeigt werden. Einen Abstecher an den nördlichen Stadtrand lohnt die Wallfahrtskirche **Santa Maria della Croce,** ein Zentralbau, der im Stil Bramantes um 1500 entstanden ist. Auskunft: *Via Racchetti 8 | Tel. 037 38 10 20 | www. comune.crema.cr.it*

Wundervolle Kuchen und Süßigkeiten verkauft die **Pasticceria Treccia d'Oro** *(Mi geschl.)* auf der Piazza Garibaldi. Wenn Sie wieder – oder zum ersten Mal – richtig Hunger haben, wenden Sie sich vertrauensvoll an **Mario** *(Di-Abend und Mi geschl. | Via Stazione 118 | Tel. 03 73 20 47 08 | €€):* Sein Ristorante bietet eine abwechslungsreiche Küche (viele Risotti) und zeichnet sich außerdem durch eine gute Weinkarte aus.

Anschließend können Sie noch der Nachbarstadt **Lodi** einen Besuch abstatten, die knapp 20 km südwestlich über die SS 235 zu erreichen ist. Die Kleinstadt (42 000 Ew.) an der Adda gehört zu den bislang kaum entdeckten Schönheiten der Lombardei. Sehenswert sind die malerische **Piazza della Vittoria** mit dem Dom (ab 1158), die gotische Kirche **San Francesco** und das **Stadtmuseum** *(bei Redaktionsschluss wegen Umbauarbeiten geschl. | Tel. 03 71 42 03 69 | Corso Umberto 63)* u. a. mit Werken der aus Lodi stammenden Malerfamilie Piazza, die im 16./17. Jh. in der Nachfolge von Leonardo tätig war. Der Höhepunkt aber liegt in der Via Incoronata: die Renaissancekirche **Santa Maria Incoronata,** die komplett mit biblischen Motiven ausgemalt ist (u. a. von Bergognone ab 1515 und der Piazza-Familie). Seit ein paar Jahren hat sich Lodi als Hauptstadt einer eigenen Provinz hübsch mit vielen kleinen Geschäften herausgeputzt. Auskunft: *Piazza Broletto 4 | Tel. 03 71 42 13 91 | www.apt.lodi.it*

Für den Rückweg wählen Sie südöstlich die Landstraße (die angenehmer zu fahren ist als die stark frequentierte SS 9 auf der alten Trasse der Via Emilia) durch die Flussniederung nach **Pizzighettone** *(www.pizzighet tone.it),* einem befestigten Landwirtschaftszentrum an der Adda mit historischem Kostümfest Ende Juni. Die SS 234 führt dann ostwärts zurück nach Cremona.

3 KUNST UND KÄSE: VON BERGAMO INS TALEGGIOTAL

[130 C2–3] Die Themen dieser gut 100 km langen Tagestour ins Voralpenland von San Pellegrino sind Kunst und Käse, beides gut dosiert und vor allem überraschend. Wem Kunst Käse ist, der darf hierbei auch erleben, dass Käse in der Val Taleggio eine Kunst ist. Infos auch über *www.valbrembanaweb.com.*

Für diese Tour verlassen Sie Bergamo Richtung Nordosten und orientieren sich an den Hinweisschildern nach San Pellegrino/Val Brembana. Haben Sie die Hügelstraße erreicht, achten Sie rechts auf das Hinweisschild nach **Ponteranica,** denn in der Pfarrkirche des Weilers steht ein Flügelaltar mit Gemälden von Lorenzo Lotto (1480–1557), einem der eigenwilligsten und phantasiereichsten Maler der italienischen Renaissance.

Die stark befahrene Staatsstraße 470 führt dann in die Val Brembana und ins Thermalbad **San Pellegrino Terme**. San Pellegrino? Richtig, hier sprudelt das berühmte Mineralwasser aus dem Boden. Grandhotel und Kasino verweisen auf die glorreiche Fahrt mit herrlichen Ausblicken, versteht man, warum dieses Tal mit seinen lieblichen Almen auch „Piccola Svizzera" – kleine Schweiz – heißt. Den Taleggiokäse gibt es u. a. bei der **Kooperative Sant'Antonio** *(Via Regetto)* zu kosten und zu kaufen.

Weltweit im Wortsinn in aller Munde: Aus diesen Thermen kommt das San-Pellegrino-Wasser

Zeit vor dem Ersten Weltkrieg, als sich gekrönte Häupter im Kursaal entspannten und der europäische (Geld-)Adel sich um die Spieltische drängte. Heute stehen die monumentalen Jugendstilanlagen leer.

Nördlich von San Pellegrino zweigt nach Westen das **Taleggiotal** ab, aus dem der wundervolle gleichnamige Käse mit seinem leicht säuerlichen Nachgeschmack kommt. Spätestens in **Vedeseta**, nach kurvenreicher

Wer keine Angst vor kurvigen Gebirgsstrecken hat, wählt für den Rückweg von Vedeseta die Strecke über **Peghera**. Im Ort befriedigt das Angebot der **Pizzeria Al Palàz dol Miro** *(Di geschl. | Via Pianfrino 58 | Tel. 034 54 70 44 | €)* einfache kulinarische Bedürfnisse. Über den Burapass (850 m) und Brembilla führen einsame Straßen und Kehren zur SS 470. Auf der geht es im etwas dichteren Verkehr nach Bergamo zurück.

> VON ANREISE BIS ZOLL

Urlaub von Anfang bis Ende: die wichtigsten Adressen und Informationen für Ihre Mailandreise

ANREISE

AUTO

Mailand ist bequem über die Autobahn zu erreichen: von München über die Brennerautobahn und Verona (585 km) oder (dann nicht durchgehend Autobahn) über Bregenz, Chur (Tunnel San Bernardino), Chiasso (490 km); von Basel über Luzern (Gotthardtunnel) und Chiasso (350 km); von Wien über Villach (Tauerntunnel), Tarvis, Padua, Verona (820 km). Um Mailand herum verlaufen mehrere stark befahrene Umgehungsautobahnen *(tangenziali)* mit rund zwei Dutzend Ausfahrten zu den einzelnen Stadtteilen oder ins Zentrum.

BAHN

Direktverbindungen mit Mailand bestehen von von München über den Brenner, von Basel über Chiasso und Como sowie von Wien über Tarvis. Informationen u. a. über *www.bahn. de*, *www.oebb.at*, *www.sbb.ch* und *www.ferroviedellostato.it.*

FLUGZEUG

Internationale Flüge landen meist auf dem Großflughafen Milano-Malpensa, gelegentlich wird auch Milano-Linate (sonst vor allem für inneritalienische Flüge) angeflogen. Billiganbieter nutzen den kleinen Flughafen Orio al Serio bei Bergamo. Auskunft für Linate und Malpensa: *Tel.*

PRAKTISCHE HINWEISE

02 74 85 22 00 | *www.sea-aeroporti-milano.it,* für Orio al Serio: *Tel. 035 32 63 23 | www.sacbo.it.*

Linate und Malpensa sind durch einen Direktbus mit der Stazione Centrale verbunden. Linate: Busterminal auf der Seite der Piazza Luigi di Savoia, alle 30 Min. zwischen 5.40 und 21 Uhr, Fahrzeit 40 Min.; oder mit dem ATM-Linienbus Nr. 73 vom Corso Europa (Piazza San Babila) zwischen 5.30 und 0.20 Uhr. Malpensa: Busterminal Piazza Luigi di Savoia, zwei Linien, alle 10–20 Min. zwischen 4.25 und 1 Uhr, Fahrzeit je nach Verkehrslage rund 60 Min., 7,50 Euro, *www.malpensashuttle.it* bzw. *www.autostradale.it;* oder mit dem Vorortzug Malpensa-Express von der Stazione Nord (Cadorna) alle 30 (in Spitzenzeiten alle 20) Min. zwischen 5.50 Uhr und 23 Uhr, Fahrzeit 40 Min., 11 Euro. Orio al Serio: Busse von und nach Mailand (Stazione Centrale) ca. alle 15 Min. zwischen 4 und 1 Uhr, Fahrzeit bis zu 80 Min., 8,90 bzw. 9 Euro, *www.orioshuttle.com, www.autostradale.it.*

■ AUSKUNFT VOR DER REISE ■

ITALIENISCHE ZENTRALE FÜR TOURISMUS ENIT

– *Neue Mainzer Str. 26 | 60311 Frankfurt | Tel. 069/23 74 34 | Fax 23 28 94 | www.enit-italia.de*
– *Kärntnerring 4 | 1010 Wien | Tel. 01/505 16 39 | Fax 505 02 48 | www.enit.at*
– *Uraniastr. 32 | 8001 Zürich | Tel. 043/466 40 40 | Fax 466 40 41 | www.enit.ch*

> WAS KOSTET WIE VIEL?

> **ESPRESSO**	**0,80–1 EURO** für eine Tasse am Tresen
> **WEIN**	**AB 2,50 EURO** für 0,25 l offenen Wein
> **IMBISS**	**AB 3 EURO** für ein belegtes *panino*
> **AUSSTELLUNG**	**AB 5 EURO** für den Eintritt
> **METRO**	**1 EURO** für eine Fahrt
> **SCHUHE**	**AB 100 EURO** für ein Paar handgefertigte Herrenschuhe

■ AUSKUNFT IN MAILAND ■

Via Marconi 1/Piazza Duomo [121 D4] *| Tel. 02 77 40 43 43 | Fax 02 72 52 43 50 | apt@netitalia.it; Stazione Centrale* [124 C1] *| Tel. 02 72 52 43 60.* Der Hauptsitz ist das *Ufficio del Turismo IAT (Piazza Castello 1* [120 B2] *| Tel. 02 80 58 06 14 | Fax 02 80 58 06 25 | Mo–Sa 9–18 Uhr),* wo Sie auch Hotels buchen, Autos mieten und die Welcome Card (10 Euro inkl. 48-Stunden-Karte für Metro, Bus und Tram) kaufen können, die Preisnachlässe in einigen Museen bzw. Konzerten bietet.

■ AUTO

Außerhalb geschlossener Ortschaften ist auch tagsüber Abblendlicht vorgeschrieben. Bei Pannen auf Autobahnen und Schnellstraßen ist beim Verlassen des Fahrzeugs das Tragen einer Warnweste Pflicht. Mautgebühren *(pedaggio)* können bar, mit Kreditkarte und mit einer „Viacard" bezahlt werden. Höchstgeschwindigkeit: auf Autobahnen 130 km/h, auf Schnellstraßen 110 km/h, auf Landstraßen 90 km/h, im Ortsverkehr 50 km/h. Die Promillegrenze liegt bei 0,5. In Mailand und anderen großen Städten sind Parkhäuser rar und die Abschleppdienste flink. Die blau gekennzeichneten Parkzonen sind gebührenpflichtig (3 Euro für maximal zwei Stunden), den Parkschein *(gratta sosta)* erhalten Sie beim Parkwächter oder einem Tabakladen. Gelbe Zonen sind für Anwohner mit Parkausweis reserviert. Tagesbesucher parken besser am Stadtrand auf einem der Parkplätze bei Metrostationen – u. a. Lampugnano, Cascina Gobba, Famagosta, San Donato, Rogoredo. Tankstellen haben montags bis samstags von 8 bis 19.30 Uhr (manchmal Mittagspause 13 bis 14.30 Uhr) geöffnet, an Autobahnen täglich von 7 bis 22 Uhr. Sonntags und außerhalb der Öffnungszeiten müssen Sie an größeren Tankstellen in der Regel einen Tankautomaten (Kreditkarte oder Euroscheine) bedienen.

■ DIPLOMATISCHE VERTRETUNGEN

DEUTSCHES GENERALKONSULAT
Via Solferino 40 [124 A4] | *Tel. 026 23 11 01* | *Metro: M 2 Moscova*

ÖSTERREICHISCHES GENERALKONSULAT
Piazza Liberty 8/4 [121 E3] | *Tel. 02 78 37 43* | *Metro: M 1, M 3 Duomo*

SCHWEIZER GENERALKONSULAT
Via Palestro 2 [121 F1] | *Tel. 027 77 91 61* | *Metro: M 3 Turati*

WETTER IN MAILAND

Jan.	Feb.	März	April	Mai	Juni	Juli	Aug.	Sept.	Okt.	Nov.	Dez.
4	8	13	19	23	28	30	29	25	17	10	5
Tagestemperaturen in °C											
-1	1	5	9	13	17	20	19	16	11	6	1
Nachttemperaturen in °C											
2	3	4	6	7	7	9	8	6	4	2	1
Sonnenschein Std./Tag											
7	5	7	9	10	7	5	5	6	8	8	7
Niederschlag Tage/Monat											

PRAKTISCHE HINWEISE

◼ FAHRRÄDER

Die Stadt hat ein praktisches Netz von Mietfahrrädern aufgespannt. In der Innenstadt findet sich alle paar Hundert Meter eine Station, wo Sie eines der 1500 robusten, orangefarbenen Räder ausleihen bzw. zurückgeben können. Ein Tag kostet 2,50 Euro Grundgebühr. Die erste halbe Stunde ist damit frei, jede weitere kostet 50 Cent. Informationen und Anmeldung: *Tel. 800 80 81 81* | *www.bikemi. com* oder bei den ATM-Points.

◼ GELD & KREDITKARTEN

Geldautomaten *(bancomat)* finden Sie überall. Die gängigen Kreditkarten werden von fast allen Hotels, Tankstellen und Kaufhäusern sowie von vielen Restaurants und Geschäften akzeptiert.

◼ GESUNDHEIT

In Notfällen wendet man sich an die Ambulanzen *(Pronto Soccorso)* der Krankenhäuser, wo Sie unbürokratisch und kostenlos behandelt werden (z. B. im Zentrum: *Ospedale Fatebenefratelli* [124 A3], *Corso di Porta Nuova 23).* Nachtapotheken: z. B. *Piazza del Duomo 1* und *Stazione Centrale.* Ärztlicher Notruf *(Guardia Medica,* kostenpflichtig, den Beleg bei der heimischen Versicherung einreichen): *Tel. 023 45 67*

◼ INTERNET

Erste wichtige Infos (italienisch/englisch) findet man unter *www.comune.milano.it* (der Webauftritt der Stadt, oben bei „Other languages" Sprache wählen), *www.visitamilano.it (das Portal der Provinz Mailand) und unter www.turismo.regione.lombar*

dia.it (für die Region Lombardei) oder auf den kommerziellen Websites *www.ciaomilano.it, www.hello milano.it* und *www.milanoinfotourist. com.* Einen guten Überblick über Veranstaltungen geben *www.corriere. it/vivimilano* oder *www.milano24 ore.de/sehenswuerdigkeiten/veranstaltungskalender.* Hotelinformation und -buchung z. B. über *www.hrs.de, www.de.mbetravel.com/mailand-hotels.html* oder *www.hotelsinmilan.it/de.*

◼ INTERNET CAFÉS & WLAN ◼

Italien hinkt in Sachen *wi-fi* – wie WLAN hier heißt – noch ein bisschen hinterher: Selbstverständlich ist es noch lange nicht, dass an prominenten Örtlichkeiten wie dem Hauptbahnhof WLAN verfügbar ist. Unter *www.freewifi.bitage.it* finden sich aber immer mehr Hotspots. Auch in einigen Cafés und Bars in der Innenstadt können Sie sich in ein WLAN-Netz einloggen – meist kostenpflichtig.

A + M BOOKSTORE
Via Tadino 30 [125 D3] | *Metro: M 1 Lima*

FNAC CAFÉ
Via Torino 2 [120 C4] | *Metro: M 1, M 3 Duomo*

INTERNET CAFÉ GR@ZIA
Piazza Duca d'Aosta 14 [124 C2] | *Metro: M 2, M 3 Centrale, und Corso Colombo 9* [127 D4] | *Metro: M 2 Porta Genova*

MONDADORI MULTICENTER
Via Berchet 2 [121 D3] | *Metro: M 1, M 3 Duomo, und Via Margheria 28* [126 A1] | *Metro: M 1 De Angeli*

■ MEDIEN

In Mailand, der größten Zeitungsstadt Italiens, erscheinen elf Tageszeitungen (davon eine Sport- und drei Wirtschaftszeitungen). Wichtig für Besucher wegen der täglichen Veranstaltungshinweise sind vor allem der „Corriere della Sera" (Wochenübersicht und Tipps jeden Mi in „ViviMilano") und „La Repubblica" („Tutto-Milano" jeden Do). An den Metro- und Bahnstationen liegen die Gratiszeitungen „Metro" und „City" aus. Ein Stadtradio mit Infos ist Radio Popolare auf 107,5 FM. Das italienische Fernsehen ist durch die öffentlich-rechtlichen Sender der RAI, die private Fininvest (Berlusconi) und La 7 (ebenfalls privat) geprägt. Lokal und regional gibt es eine Vielzahl von kleineren Sendern.

■ MIETWAGEN

An den Flughäfen oder an der Stazione Centrale haben mehrere Verleiher Niederlassungen. Ein Kleinwagen kostet ab etwa 60 Euro pro Tag, ein Auto der Kompaktklasse bekommen Sie ab 160 Euro für ein Wochenende.

■ NOTRUF

Tel. 112 gebührenfreier Notruf für Polizei und Rettungsdienst, Pannendienst *Tel. 80 31 16* oder *Tel. 80 38 03.*

■ ÖFFENTLICHE VERKEHRSMITTEL

Der Einzahlfahrschein *(biglietto ordinario),* erhältlich bei den meisten Kiosken, Tabakläden und an Automaten in den Metrostationen, kostet im Stadtgebiet 1 Euro und ist 75 Minuten ab der Entwertung gültig,

> BÜCHER & FILME

Fünf Tipps für Liebhaber und Neugierige

> **Die Wunder Italiens** – „Die Unlust sagte eines Tages zum schlechten Geschmack: Lass uns eine Stadt bauen, wo wir nach Belieben schalten und walten können. Dort wirst Du König sein und ich die Königin." So beginnt Carlo Emilio Gaddas Text „Der Plan von Mailand", ein Lesegenuss wie alle seine Beiträge in diesem Band.

> **Im Namen von Ismael** – Spannend geht es in diesem Krimi zu, den Giuseppe Genna sowohl im Mailand von heute als auch in dem der Sechzigerjahre angesiedelt hat.

> **Die ganz große Nummer** – Andrea De Carlo, Schriftsteller, Rockmusiker und ehemaliger Assistent Federico Fellinis, erzählt von Alberto und Raimondo: Die charmanten Mailänder Jungs in seinem Roman flunkern der ganzen Welt etwas vor, vor allem aber sich selbst.

> **Der Teufel trägt Prada** – Wer wissen will, wie die Mailänder Modeszene tickt, dem sei dieser Film mit einer grandiosen Meryl Streep empfohlen – auch wenn er in New York spielt.

> **Das Wunder von Mailand** – 1951 drehte Vittorio de Sica in der Stadt diesen Klassiker. Italiens Nationalheld Totò in der Hauptrolle der Komödie kämpft mit Hilfe von Schutzengeln und einer magischen Taube gegen gierige Spekulanten. Weil der Film ein Märchen ist, war er sehr erfolgreich.

wobei Tram und Busse beliebig oft in alle Richtungen benutzt werden dürfen, die Metro allerdings nur für eine Fahrt (Umsteigen möglich). Wer also nach einer Bus- oder Tramfahrt die Metro benutzen möchte, muss seinen Fahrschein am Metroeingang erneut entwerten. Eine Tageskarte *(biglietto giornaliero)* für alle Verkehrsmittel kostet 3 Euro. Die Karten mit Magnetstreifen zieht man einfach jedes Mal durch den Entwerter am Drehkreuz bzw. in Bussen und Trambahnen. Eine Zweitageskarte *(biglietto bigiornaliero)* kostet 5,50 Euro, daneben gibt es Wochen- und Monatskarten. Informationen unter *www. atm-mi.it* und bei den ATM-Points *(Mo–Sa 7.45–20.15 Uhr)* an den großen Metrostationen.

Busse ins Umland, in andere italienische Städte und ins Ausland verkehren vom Busterminal an der *Metrostation Lampugnano* [0] | *Metro: M 1 | Infos und Fahrpläne: www.au tostradale.com.*

POST

Briefmarken (65 Cent für Standardbriefe und Ansichtskarten nach EU-Europa und in die Schweiz) erhält man auch in vielen Tabakläden.

STADTRUNDFAHRTEN

CITY SIGHTSEEING MILANO

Die Busrundfahrten mit Kommentar auch auf Deutsch dauern 90 Minuten, können aber nach dem Hop-on-Hop-off-Prinzip auch unterbrochen werden. *Sommer tgl. 9.30–17.25 Uhr ca. alle 30 Min., Winter 10–16.15 alle 75 Min. ab Piazza Castello* [120 B2] | *20 Euro (Kinder 10 Euro) | www.mi lano.city-sightseeing.it*

TRAM TURISTICO

Gute Idee, man sitzt allerdings etwas unbequem: *Touristiklinie 20 ab/bis Piazza Castello tgl. 11 und 13 Uhr, im Sommer bei Bedarf öfter | 15,50 Euro*

TAXI

Die Mailänder Taxis sind weiß. Starttarif 3 Euro, Kilometerpreis 0,77 bis 1,16 Euro, Aufpreis bei Taxiruf, nach 22 Uhr, So und für Großgepäck. Taxiruf: *Tel. 02 40 40* oder *02 85 85.*

TELEFON & HANDY

Vorwahl Italien: *0039,* dann die vollständige Telefonnummer (mit Null) im Festnetz bzw. die Handyvorwahl (immer ohne Null). Vorwahl von Italien nach Deutschland *0049,* nach Österreich *0043,* in die Schweiz *0041.* Telefonzellen sind meist nur mit einer Telefonkarte *(scheda telefonica,* bei Kiosken und *tabacchi*-Läden) zu benutzen. Ein Ortsgespräch kostet tagsüber ab 10 Cent/Min. im Festnetz, zu Handynummern ab 20 Cent, ins Ausland ab 50 Cent. Eine italienische Prepaidkarte für Ihr Handy senkt die Telefonkosten nach Hause. Es gibt sie ab 5 Euro Guthaben in Telefon- und vielen Tabakläden.

TRINKGELD

Faustregel: fünf bis zehn Prozent, wenn Sie zufrieden waren. Im Restaurant lässt man das Trinkgeld auf dem Tisch liegen, nachdem man das Wechselgeld erhalten hat.

ZOLL

Innerhalb der EU dürfen Waren für den privaten Verbrauch frei ein- und ausgeführt werden, u.a. 90 l Wein, 800 Zigaretten, 10 l Spirituosen.

„Sprichst du Italienisch?" Dieser Sprachführer hilft Ihnen, die wichtigsten Wörter und Sätze auf Italienisch zu sagen

Aussprache

Zur Erleichterung der Aussprache:

c, cc	vor „e, i" wie deutsches „tsch" in deutsch, Bsp.: dieci, sonst wie „k"
ch, cch	wie deutsches „k", Bsp.: pacchi, che
ci, ce	wie deutsches „tsch", Bsp.: ciao, cioccolata
g, gg	vor „e, i" wie deutsches „dsch" in Dschungel, Bsp.: gente
gl	ungefähr wie in „Familie", Bsp.: figlio
gn	wie in „Kognak", Bsp.: bagno
sc	vor „e, i" wie deutsches „sch", Bsp.: uscita
sch	wie in „Skala", Bsp.: Ischia
sci	vor „a, o, u" wie deutsches „sch", Bsp.: lasciare
z	immer stimmhaft wie „ds"

Ein Akzent steht im Italienischen nur, wenn die letzte Silbe betont wird. In den übrigen Fällen haben wir die Betonung durch einen Punkt unter dem betonten Vokal angegeben.

■ AUF EINEN BLICK ■

Ja./Nein./Vielleicht.	Sì./No./Forse.
Bitte./Danke./Vielen Dank!	Per favore./Grazie./Tante grazie.
Gern geschehen.	Non c'è di che!
Entschuldigen Sie!	Scusi!
Wie bitte?	Prego?/Come, scusi?/Come dice?/
Ich verstehe Sie/dich nicht.	Non La/ti capisco.
Ich spreche nur wenig …	Parlo solo un po' di …
Können Sie mir bitte helfen?	Mi può aiutare, per favore?
Ich möchte …	Vorrei …
Das gefällt mir (nicht).	(Non) mi piace.
Haben Sie …?	Ha …?
Wie viel kostet es?	Quanto costa?
Wie viel Uhr ist es?	Che ore sono?/Che ora è?

■ KENNENLERNEN ■

Guten Morgen!/Tag!	Buon giorno!
Guten Abend!	Buona sera!
Gute Nacht!	Buona notte!
Hallo!/Grüß dich!	Ciao!
Wie geht es Ihnen/dir?	Come sta?/Come stai?

> *www.marcopolo.de/mailand*

SPRACHFÜHRER ITALIENISCH

Danke. Und Ihnen/dir?	Bene, grazie. E Lei/tu?
Auf Wiedersehen!	Arrivederci!
Tschüss!	Ciao!
Bis bald!	A presto!
Bis morgen!	A domani!

UNTERWEGS

AUSKUNFT

links/rechts	a sinistra/a destra
geradeaus	diritto
nah/weit	vicino/lontano
Wie weit ist es zum/zur?	Quanto ci vuole per andare a …?
Bitte, wo ist …?	Scusi, dov'è …?
… der Bahnhof	… la stazione
… die Haltestelle	… la fermata
Zum … Hotel	all'albergo …
Überqueren Sie …	Attraversi …
… die Brücke.	… il ponte.
… den Platz.	… la piazza.
Welche Linie fährt nach …?	Qual è la linea che va a …?
Wann fährt der nächste Zug?	Quando parte il prossimo treno?
Wo muss ich aussteigen?	Dove devo scendere?
Wo muss ich umsteigen?	Dove devo cambiare?
Wo kaufe ich den Fahrschein?	Dove si comprano i biglietti?
Bitte, einen Fahrschein nach	Un biglietto per …, per favore.
Ausstieg	discesa
Einstieg	salita
Endstation	capolinea
Fahrplan	orario

BESICHTIGUNGEN

Ich möchte einen Stadtplan.	Vorrei una pianta della città.
Wann beginnt die Führung?	Quando comincia la visita con la guida?
Ausstellung	mostra/esposizione
Bild	quadro
Denkmal	monumento
Friedhof	cimitero
Galerie	galleria (d'arte)
Gebäude	edificio

Gemälde	dipinto
Kirche	chiesa
Kirchturm	campanile
Maler	pittore
Palast	palazzo
Park	giardini/parco
Plastik	scultara
Theater	teatro
Turm	torre
Zeichnung	disegno

ESSEN/UNTERHALTUNG

Wo gibt es hier …	Scusi, mi potrebbe indicare …
… ein gutes Restaurant?	… un buon ristorante?
… ein typisches Restaurant?	… un locale tipico?
Gibt es in der Nähe eine Eisdiele?	C'è una gelateria qui vicino?
Reservieren Sie uns bitte für heute Abend einen Tisch für vier Personen.	Può riservarci per stasera un tavolo per quattro persone?
Auf Ihr Wohl!	(Alla Sua) salute!
Bezahlen, bitte.	Il conto, per favore.
Hat es geschmeckt?	Andava bene?
Das Essen war ausgezeichnet.	(Il mangiare) era eccellente.
Haben Sie einen Veranstaltungskalender?	Ha un programma delle manifestazioni?

EINKAUFEN

Wo finde ich …?	Dove posso trovare …?
eine Apotheke	una farmacia
eine Bäckerei	un panificio
ein Fotogeschäft	un negozio di articoli fotografici
ein Lebensmittelgeschäft	un negozio di generi alimentari
den Markt	il mercato
einen Supermarkt	un supermercato
einen Tabakladen	un tabaccaio
einen Zeitungshändler	un giornalaio

ÜBERNACHTEN

Ich habe bei Ihnen ein Zimmer reserviert.	Ho prenotato una camera.
Haben Sie noch …	È libera …/Avete ancora …
… ein Einzelzimmer?	… una singola?
… ein Zweibettzimmer?	… una doppia?

> *www.marcopolo.de/mailand*

… mit Dusche/Bad?   … con doccia/bagno?
… für eine Nacht?   … per una notte?
… für eine Woche?   … per una settimana?
Was kostet das Zimmer …   Quanto costa la camera …
… mit Frühstück?   … con la prima colazione?
… mit Halbpension?   … a mezza pensione?

PRAKTISCHE INFORMATIONEN

ARZT

Können Sie mir einen   Mi può consigliare un
guten Arzt empfehlen?   buon medico?
Ich habe Durchfall.   Ho la diarrea.
Ich habe …   Ho …
… Fieber.   … la febbre.
… Bauchschmerzen.   … mal di pancia/stomaco.
… Kopfschmerzen.   … mal di testa.
… Zahnschmerzen.   … mal di denti.

POST

Was kostet …   Quanto costa …
… ein Brief …   … una lettera …
… eine Postkarte …   … una cartolina …
… nach Deutschland?   … per la Germania?

ZAHLEN

0	zero	19	diciannove
1	uno	20	venti
2	due	21	ventuno
3	tre	30	trenta
4	quattro	40	quaranta
5	cinque	50	cinquanta
6	sei	60	sessanta
7	sette	70	settanta
8	otto	80	ottanta
9	nove	90	novanta
10	dieci	100	cento
11	undici	101	centouno
12	dodici	200	duecento
13	tredici	1000	mille
14	quattordici	2000	duemila
15	quindici	10000	diecimila
16	sedici		
17	diciassette	1/2	un mezzo
18	diciotto	1/4	un quarto

Piazza Fortuna

> UNTERWEGS IN MAILAND

Die Seiteneinteilung für den Cityatlas finden Sie auf dem
hinteren Umschlag dieses Reiseführers

CITY
ATLAS

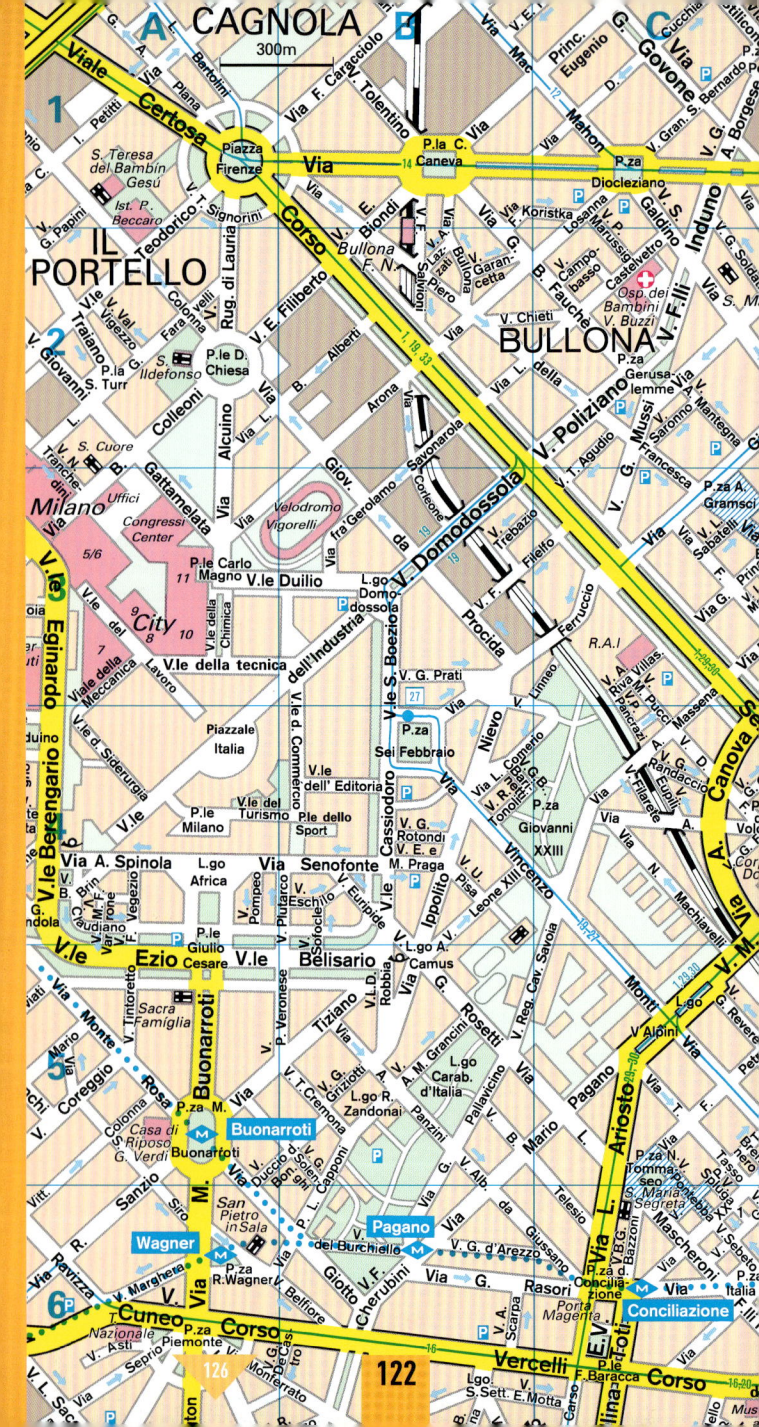

123

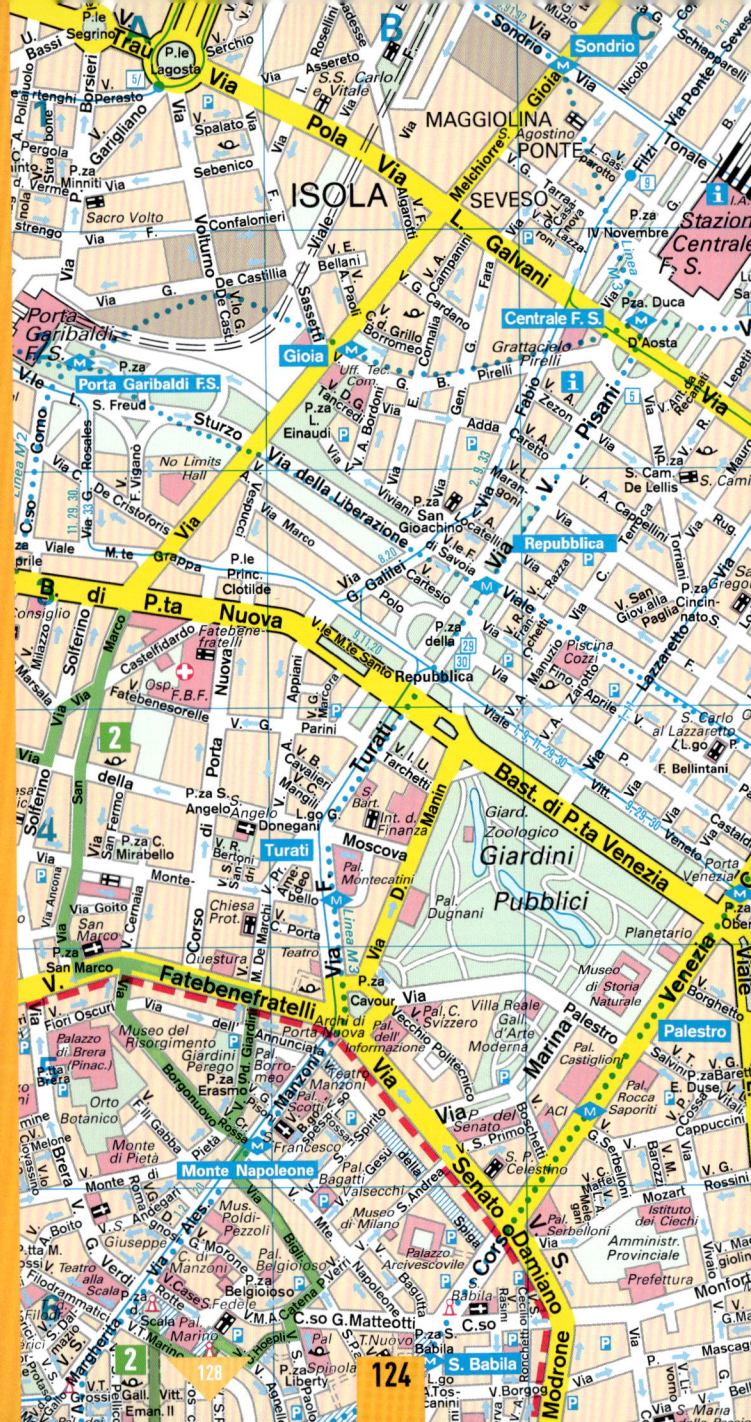

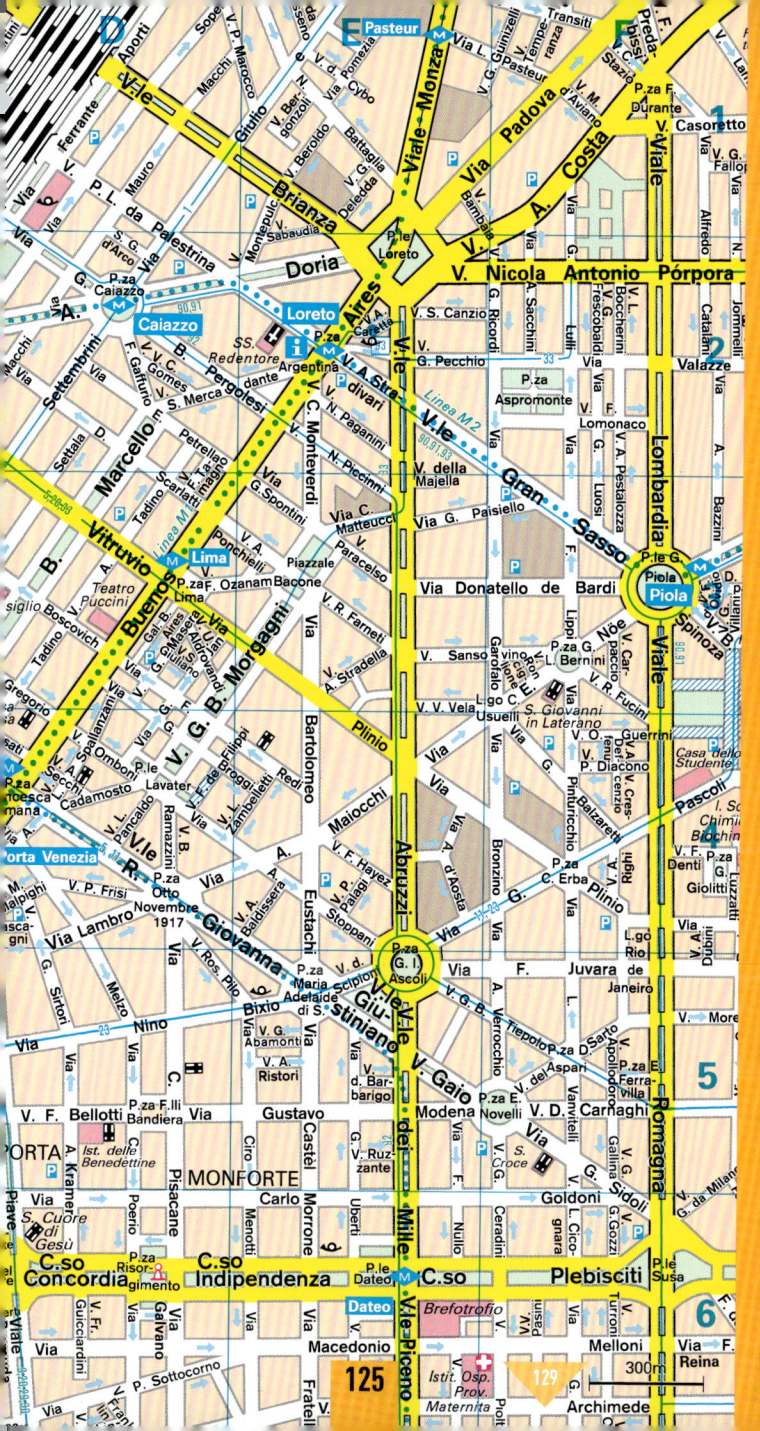

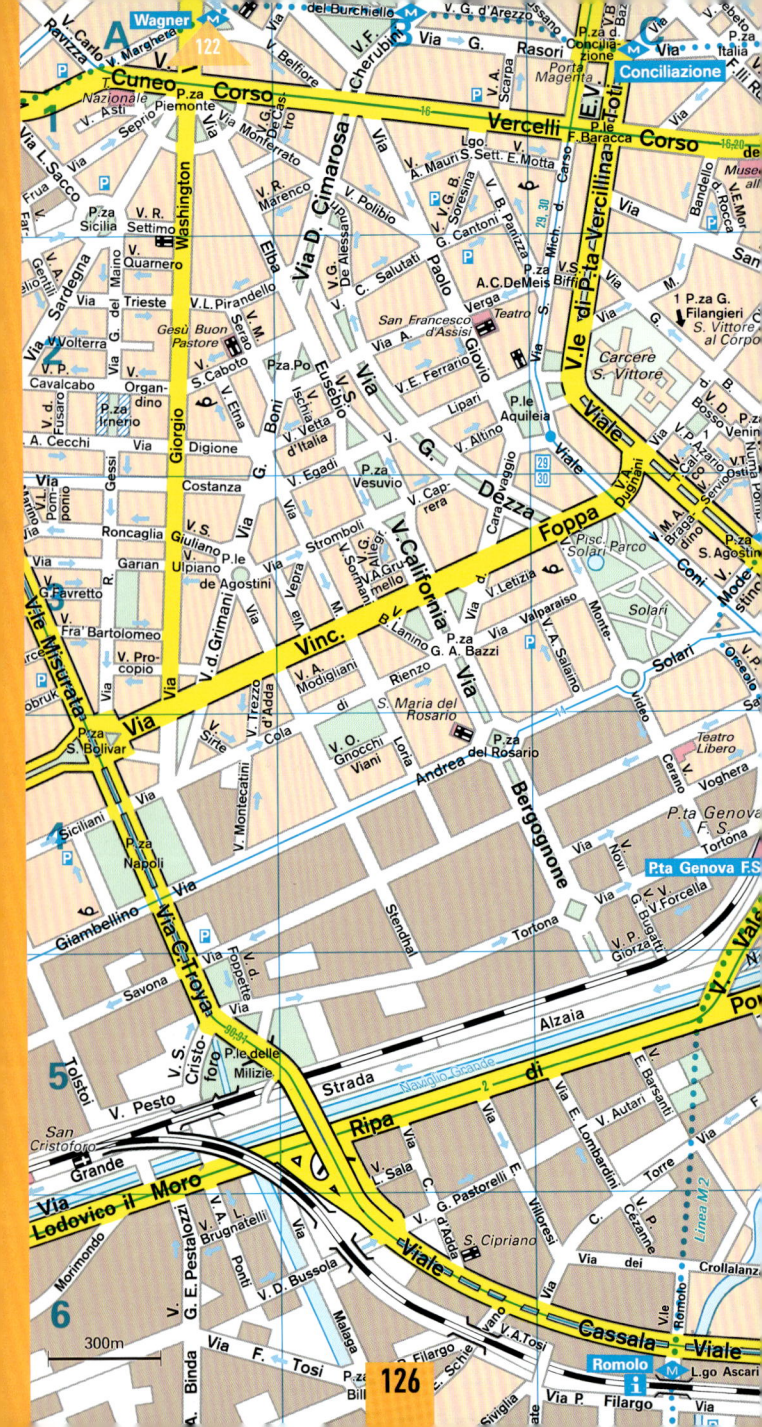

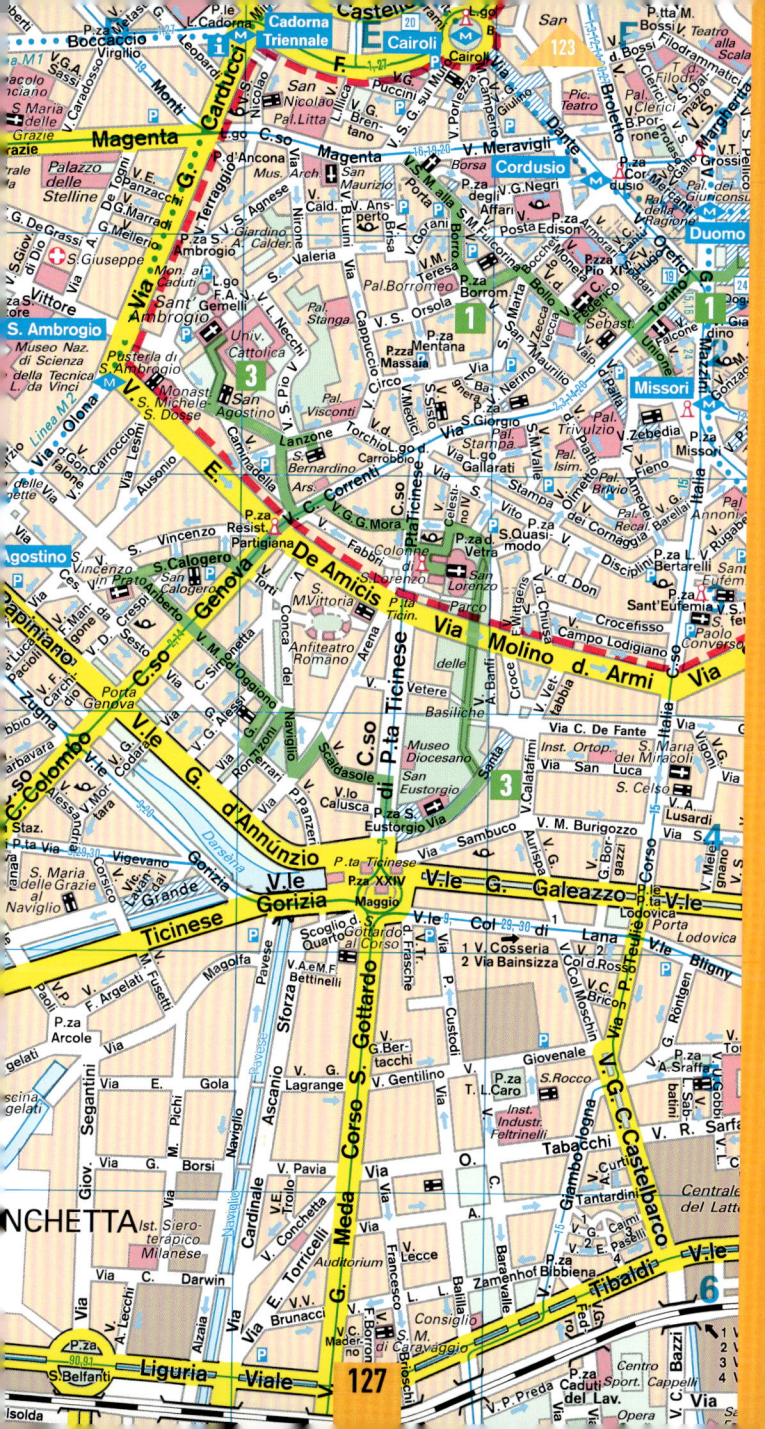

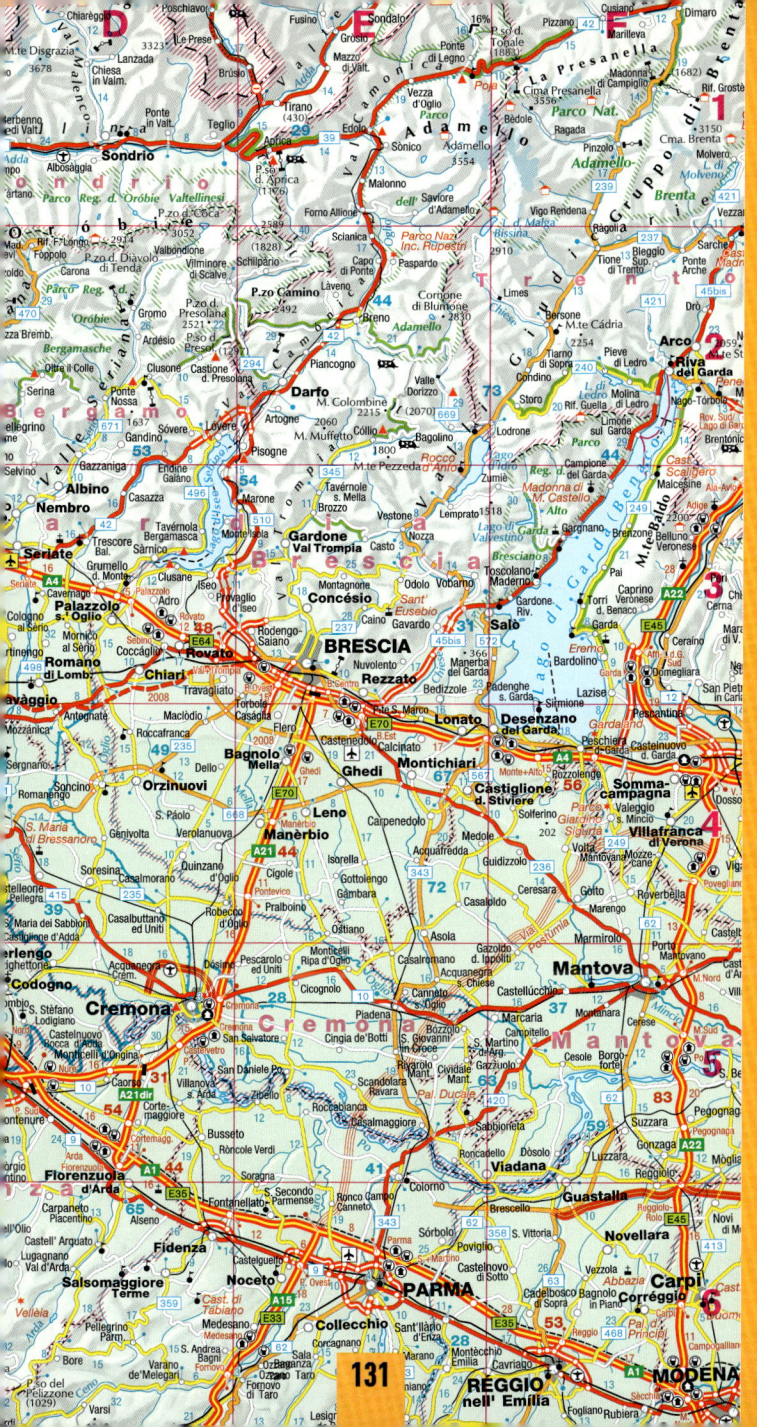

Das Register enthält eine Auswahl der im Cityatlas dargestellten Straßen und Plätze

A

Abruzzi, viale 125/E2-E4
Adige, via 128/C5
Affari, piazza degli 120/B3-C4
Agnello, via 121/E3
Alcuino, via 122/A2-A3
Alemagna, Emilio, viale 123/D5
Amedei, via 120/C5
Andegari, via 121/D2
Anfossi, Augusto, via 129/D2-E3
Annunciata, via dell' 121/D1-E1
Archimede, via 129/D1-F1
Arcivescovado, via 121/E4
Ariosto, Ludovico, via 122/C5-C6
Armorari, via 120/C4
Áscoli, Graziadio Isaia, piazza 125/E4-E5
Augusto, largo 121/E4-F4

B

Bach, Giovanni Sebastiano, viale
    128/A5-B5
Bacone, Francesco, piazzale 125/E3
Baiamonti, Antonio, piazzale 123/E2-E3
Bardi, Donatello de, via 125/E3-F3
Bassi, Ugo, via 123/F1
Beatrice d'Este, viale 128/A4-B4
Beccaria, Cesare, piazza 121/E4
Belgioioso, piazza 121/E3
Belisario, viale 122/A5-B5
Bellezza, Giovanni, via 128/B5
Belotti, Bortolo, largo 120/C3
Berengario, viale 122/A4
Bergamo, via 129/D3
Bergognone, via 126/B3-C5
Bersaglieri, largo dei 121/E4
Bertani, Agostino, via 123/D4
Bianca Maria, viale 128/C1-129/D2
Biancamano, piazzale 123/E3-E4
Bigli, via 121/E2-E3
Bixio, Nino, via 125/D5-E5
Bligny, viale 127/F4-128/B5
Bollo, via del 120/C4
Bologna, piazzale 129/F6
Boni, Giacomo, via 126/B2-A3
Borgogna, via 121/F3
Borgonuovo, via 121/D1-D2
Borromei, via 120/B4
Borromeo, piazza 120/B4-C4
Borsieri, Pietro, via 124/A1-A2
Boscovich, Ruggero, via
    124/C2-125/D3
Bossi, Maurilio, piazzetta
    120/C2-121/D2
Bossi, via dei 120/C3
Bramante, Donato, via 123/E2-E3
Brera, via 120/C1-121/D2
Brianza, viale 125/D1-E1
Brisa, via 120/B3-B4
Broletto, via 120/C2-C3
Bronzetti, Fratelli, via 129/E1-E2
Buenos Aires, corso 124/C4-125/E2
Buonaparte, foro 120/A3-B1
Buonarroti, Michelangelo, via
    122/A5-A6
Buzzi, piazza 128/C5-129/D5
Byron, Giorgio, viale 123/D4-E4

C

Cadore, via 129/D4-E2
Cairoli, Benedetto, largo 120/B2-C3
Caldara, Emilio, viale 128/C3-C4
California, via 126/B3
Caminadella, via 120/B5
Campania, viale 125/F6-129/F2
Campionasi, Maestri, via 129/E3

Canonica, Luigi, via 122/C3-123/E4
Canova, Antonio, via 122/C4
Cappelli, piazza 129/E3
Cappuccio, via 120/B4
Cardinale Ascanio Sforza, via 127/D6-E4
Cardona, Luigi, piazzale 120/A2-A3
Carducci, Giosuè, via all
    120/A3-127/D2
Carmin, via del 120/C2-121/D2
Carmine, piazza 120/C2
Caroncini, Alberto, via 129/E5-F5
Carrobbio, largo del 120/B5
Case Rotte, via 121/D3
Cassala, viale 126/B6-C6
Castaldi, Panfilo, via 124/B3-C4
Castèl Morrone, via 125/E5-E6
Castelbarco, Gian Carlo, via 127/F5-F6
Castello, piazza 120/A2-B1
Catena, Adalberto, via 121/E3
Cavallotti, via 121/E4-F4
Cena, Giovanni, via 129/E2-F2
Cenisio, via 122/B1-123/D1
Ceresio, via 123/E2
Certosa, viale 122/A1
Cerva, via 121/F3-F4
Cesare, Giulio, piazzale 122/A4-A5
Chiaravalle, via 121/D5-E5
Chiari, Fiori, via 120/C1
Chiazzo, piazza 125/D2
Cimarosa, Domenico, via 126/B1-B2
Cimitero Monumentale, piazzale
    123/E2
Cincinnato, piazza 125/C3
Circo, via 120/B4-B5
Cirene, viale 129/D4-E4
Clérici, via 120/C3
Col di Lana, viale 127/E4-F4
Coletta, Pietro, via 128/C4-129/E6
Colombo, Camillo, corso 127/D4
Commenda, via della 121/F5-128/B4
Como, corso 123/F2-F3
Concordia, corso 125/D6
Cordusio, piazza 120/C3
Cornaggia, via del 120/C5
Correnti, Cesare, via 120/B5
Costa, Andrea, via 125/E2-F1
Crema, via 128/C5
Crispi, Francesco, viale 123/F1
Crocefisso, via 120/C6-121/D6
Cuoco, Vincenzo, piazzale 129/F5
Cusanti, via 120/C2

D

D'Annúnzio,Gabriele, viale 127/D3-E4
Dante, via 120/D3
De Amicis, Edmondo, via 120/A5-B6
Dezza, Giuseppe, via 126/B2-C3
Diaz, Armando, pizza 121/D4
Disciplini, via 120/C5-C6
Dogana, via 121/D4
Domodossola, via 122/B3
Doria, Andrea, via 124/C2-125/E2
Douhet, Giulio, viale 123/D4-E4
Duca D'Aosta, piazza 124/C2
Duomo, passage 121/D4
Duomo, piazza del 121/D4
Durini, via 121/F3-F4

E

Edison, piazza 120/C4
Elba, via 126/A1-B2
Elvezia, viale 123/E4
Ennio, via 129/E4
Europa, corso 121/E4-F3
Eustachi, Bartolomeo, via 125/E3-E5
Ezio, via 122/A5

F

Farini, Carlo, via 123/E2-F1
Fatebenefratelli, via 121/D1-E1
Festa del Perdono, via 121/E4-E5
Fiamma, Galvano, via 129/D1-D2
Filippetti, Angelo, viale 128/B4-C4
Filodrammatici, via 121/D3
Filzi, Fabio, via 124/B3-C1
Firenze, piazza 122/A1
Fogazzaro, Antonio, via 129/D3
Fontana, piazza 121/E4
Foppa, Vincenzo, via 126/A4-C3
Foscolo, via 121/D3
Friuli, via 129/D5-E3

G

Gadio, via 120/A2-B1
Gaio, via 125/E5
Galeazzo, Gian, viale 127/E4-F4
Galilei, Galileo, via 124/B3
Gallarati, largo 120/B5-C5
Galvani, via 124/B1-C2
Garigliano, via 124/A1
Garofalo, via 125/F2-F3
Genova, corso 120/A5-127/D3
Giambologna, via 127/F5-F6
Giardini, via dei 121/D2-E1
Giardino, via 121/D4
Gioia, Melchiorre, via 124/A3-C1
Giovanna, Regina, viale 125/D4-E5
Giovio, Paolo, via 126/B1-B2
Giusti, Giuseppe, via 123/D3-E3
Giustiniano, viale 125/E5
Goldoni, Carlo, via 125/D6-F6
Gorani, via 120/B4
Gorizia, viale 127/E4
Gran Sasso, viale 125/E2-F3
Grimani, via dei 126/A3
Guastalla, via 121/F4-F5
Gustavo, via 125/D5-E5

I

Indipendenza, corso 125/D6-E6
Induno, Fratelli, via 122/C1-C2
Industria, viale dell' 122/A4-B3
Insubria, piazza 129/F4
Isonzo, viale 128/B6-129/D5

J

Juvara, Filppo, via 125/E5-F5

L

Lamarmora, Alfonso, via
    121/E6-128/C3
Lambro, via 125/D4
Lanzone, via 120/A5-B5
Larga, via 121/D5-E4
Lattanzio, via 129/E4-E5
Lauro, via del 120/C2
Lazio, viale 128/C3-129/D4
Lazzaretto, via 124/C3-C4
Legnano, via 120/B1-123/E4
Lentasio, via 121/D6
Liberazione, via della 124/B2-B3
Liberty, piazza 121/E3
Libia, piazzale 129/E4
Liguria, viale 126/C6-127/D6
Livio, Tito, via 129/E4-F5
Lodi, corso 128/C4-129/E6
Lomazzo, Paolo, via 122/C2-123/D3
Lombardia, viale 125/F1-F3
Loreto, piazzale 125/E1-E2
Luini, Bernardino, via 120/B3-B4

Autostrada Autobahn		Motorway Autoroute
Strada a quattro corsie Vierspurige Straße		Road with four lanes Route à quatre voies
Strada di attraversamento Durchgangsstraße		Thoroughfare Route de transit
Strada principale Hauptstraße		Main road Route principale
Altre strade Sonstige Straßen		Other roads Autres routes
Informazioni Information		Information Information
Parcheggio Parkplatz		Parking place Parking
Ostello della gioventù Jugendherberge		Youth hostel Auberge de jeunesse
Via a senso unico Einbahnstraße		One-way street Rue à sens unique
Zona pedonale Fußgängerzone		Pedestrian zone Zone piétonne
Ferrovia principale con stazione Hauptbahn mit Bahnhof		Main railway with station Chemin de fer principal avec gare
Altra ferrovia Sonstige Bahn		Other railway Autre ligne
Metropolitana U-Bahn		Underground Métro
Tram Straßenbahn		Tramway Tramway
Chiesa - Chiesa interessante Kirche - Sehenswerte Kirche		Church - Church of interest Église - Église remarquable
Sinagoga Synagoge		Synagogue Synagogue
Ufficio postale - Posto di polizia Postamt - Polizeistation		Post office - Police station Bureau de poste - Poste de police
Monumento - Torre Denkmal - Turm		Monument - Tower Monument - Tour
Ospedale - Autobus per l'aeroporto Krankenhaus - Flughafenbus		Hospital - Airport bus Hôpital - Bus d'aéroport
Caseggiato, edificio pubblico Bebaute Fläche, öffentliches Gebäude		Built-up area, public building Zone bâtie, bâtiment public
Zona industriale - Parco, bosco Industriegelände - Park, Wald		Industrial area - Park, forest Zone industrielle - Parc, bois
Cimitero - Cimitero ebraico Friedhof - Jüdischer Friedhof		Cemetery - Jewish cemetery Cimetière - Cimetière juif
Confine della città Stadtgrenze		Municipal boundary Limite municipale
Zona con limitazioni di traffico Zone mit Verkehrsbeschränkungen		Restricted traffic zone Circulation réglementée par des péages
Passeggiate urbane Stadtspaziergänge		Walking tours Promenades en ville

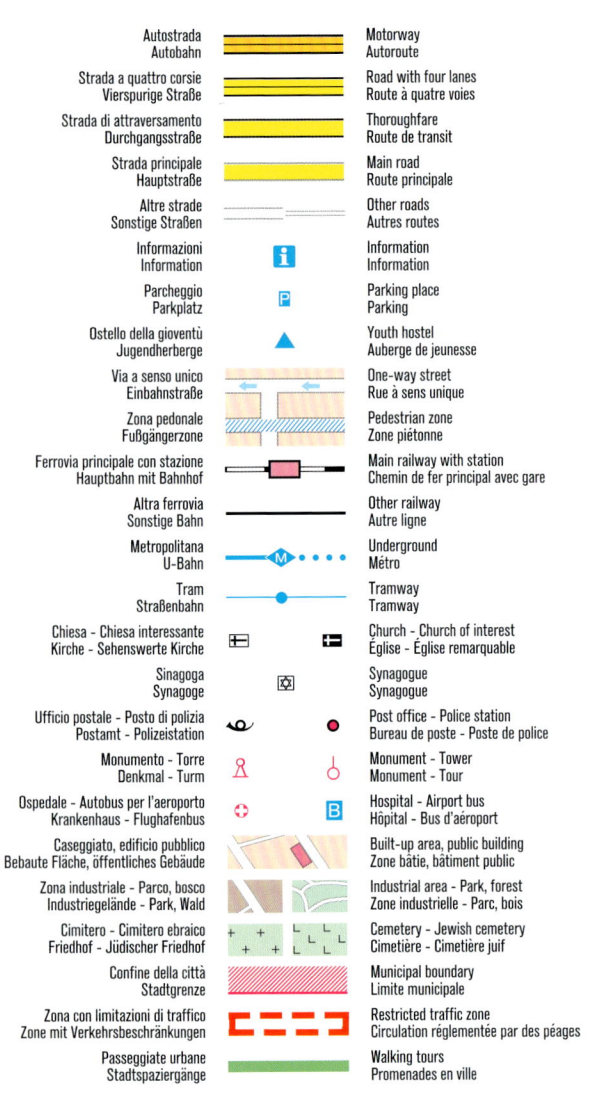

FÜR IHRE NÄCHSTE REISE

gibt es folgende MARCO POLO Titel:

DEUTSCHLAND
Allgäu
Amrum/Föhr
Bayerischer Wald
Berlin
Bodensee
Chiemgau/Berchtes-
   gadener Land
Dresden/Sächsische
   Schweiz
Düsseldorf
Eifel
Erzgebirge/Vogtland
Franken
Frankfurt
Hamburg
Harz
Heidelberg
Köln
Lausitz/Spreewald/
   Zittauer Gebirge
Leipzig
Lüneburger Heide/
   Wendland
Mark Brandenburg
Mecklenburgische
   Seenplatte
Mosel
München
Nordseeküste
   Schleswig-Holstein
Oberbayern
Ostfriesische Inseln
Ostfriesland/
   Nordseeküste
   Niedersachsen/
   Helgoland
Ostseeküste
   Mecklenburg-
   Vorpommern
Ostseeküste
   Schleswig-Holstein
Pfalz
Potsdam
Rheingau/Wiesbaden
Rügen/Hiddensee/
   Stralsund
Ruhrgebiet
Sauerland
Schwäbische Alb
Schwarzwald
Stuttgart
Sylt
Thüringen
Usedom
Weimar

ÖSTERREICH | SCHWEIZ
Berner Oberland/Bern
Kärnten
Österreich
Salzburger Land
Schweiz
Steiermark
Tessin

Tirol
Wien
Zürich

FRANKREICH
Bretagne
Burgund
Côte d'Azur/Monaco
Elsass
Frankreich
Französische
   Atlantikküste
Korsika
Languedoc-Roussillon
Loire-Tal
Nizza/Antibes/Cannes/
   Monaco
Normandie
Paris
Provence

ITALIEN | MALTA
Apulien
Capri
Dolomiten
Elba/Toskanischer
   Archipel
Emilia-Romagna
Florenz
Gardasee
Golf von Neapel
Ischia
Italien
Italienische Adria
Italien Nord
Italien Süd
Kalabrien
Ligurien/Cinque Terre
Mailand/Lombardei
Malta/Gozo
Oberital. Seen
Piemont/Turin
Rom
Sardinien
Sizilien/Liparische Inseln
Südtirol
Toskana
Umbrien
Venedig
Venetien/Friaul

SPANIEN | PORTUGAL
Algarve
Andalusien
Barcelona
Baskenland/Bilbao
Costa Blanca
Costa Brava
Costa del Sol/Granada
Fuerteventura
Gran Canaria
Ibiza/Formentera
Jakobsweg/Spanien
La Gomera/El Hierro
Lanzarote

La Palma
Lissabon
Madeira
Madrid
Mallorca
Menorca
Portugal
Sevilla
Spanien
Teneriffa

NORDEUROPA
Bornholm
Dänemark
Finnland
Island
Kopenhagen
Norwegen
Oslo
Schweden
Stockholm
Südschweden

WESTEUROPA | BENELUX
Amsterdam
Brüssel
Dublin
Edinburgh
England
Flandern
Irland
Kanalinseln
London
Luxemburg
Niederlande
Niederländische Küste
Schottland
Südengland

OSTEUROPA
Baltikum
Budapest
Danzig
Estland
Kaliningrader Gebiet
Krakau
Lettland
Litauen/Kurische
   Nehrung
Masurische Seen
Moskau
Plattensee
Polen
Polnische Ostsee-
   küste/Danzig
Prag
Riesengebirge
Russland
Slowakei
St. Petersburg
Tallinn
Tschechien
Ukraine
Ungarn
Warschau

SUDOSTEUROPA
Bulgarien
Bulgarische
   Schwarzmeerküste
Kroatische Küste/
   Dalmatien
Kroatische Küste/
   Istrien/Kvarner
Montenegro
Rumänien
Slowenien

GRIECHENLAND | TÜRKEI | ZYPERN
Athen
Chalkidiki
Griechenland
   Festland
Griechische
   Inseln/Ägäis
Istanbul
Korfu
Kos
Kreta
Peloponnes
Rhodos
Samos
Santorin
Türkei
Türkische Südküste
Türkische Westküste
Zakinthos
Zypern

NORDAMERIKA
Alaska
Chicago und
   die Großen Seen
Florida
Hawaii
Kalifornien
Kanada
Kanada Ost
Kanada West
Las Vegas
Los Angeles
New York
San Francisco
USA
USA Neuengland/
   Long Island
USA Ost
USA Südstaaten/
   New Orleans
USA Südwest
USA West
Washington D.C.

MITTEL- UND SÜDAMERIKA
Argentinien
Brasilien
Chile
Costa Rica
Dominikanische
   Republik

Jamaika
Karibik/Große Antillen
Karibik/Kleine Antillen
Kuba
Mexiko
Peru/Bolivien
Venezuela
Yucatán

AFRIKA | VORDERER ORIENT
Ägypten
Djerba/Südtunesien
Dubai
Israel
Jerusalem
Jordanien
Kapstadt/Wine Lands/
   Garden Route
Kapverdische Inseln
Kenia
Marokko
Namibia
Qatar/Bahrain/Kuwait
Rotes Meer/Sinai
Südafrika
Tansania, Sansibar
Tunesien
Vereinigte
   Arabische Emirate

ASIEN
Bali/Lombok
Bangkok
China
Hongkong/Macau
Indien
Indien/Der Süden
Japan
Kambodscha
Ko Samui/Ko Phangan
Krabi/Ko Phi Phi/
   Ko Lanta
Malaysia
Nepal
Peking
Philippinen
Phuket
Rajasthan
Shanghai
Singapur
Sri Lanka
Thailand
Tokio
Vietnam

INDISCHER OZEAN | PAZIFIK
Australien
Malediven
Mauritius
Neuseeland
Seychellen
Südsee

REGISTER

Im Register finden Sie alle in diesem Reiseführer beschriebenen Sehenswürdigkeiten und Museen in Mailand sowie alle Orte und Ausflugsziele in der Lombardei. Halbfette Seitenzahlen verweisen auf den Haupteintrag.

> **www.marcopolo.de/mailand**

> SCHREIBEN SIE UNS

Liebe Leserin, lieber Leser,

wir setzen alles daran, Ihnen möglichst aktuelle Informationen mit auf die Reise zu geben. Dennoch schleichen sich manchmal Fehler ein – trotz gründlicher Recherche unserer Autoren/innen. Sie haben sicherlich Verständnis, dass der Verlag dafür keine Haftung übernehmen kann.

Wir freuen uns aber, wenn Sie uns schreiben.

Senden Sie Ihre Post an die MARCO POLO Redaktion, MAIRDUMONT, Postfach 3151, 73751 Ostfildern, info@marcopolo.de

IMPRESSUM

Titelbild: Löwe vor dem Dom Santa Maria Nascente (Schapowalow: Atlantide)
Fotos: Bilderberg: Blickle (11), Modrak (2 l.); Emanuele Cavani (12 o.); Chandelier (13 o.);
Paolo Curti/Annamaria Gambuzzi & Co. Gallery: Ruben Pizzolitto (15 M.); F. Eder (138); fotolia.com: nikamata (101 u. r.); R. Freyer (U. l., U. r., 3 M., 4 r., 6/7, 8/9, 30, 36, 41, 42, 45, 46/47, 48, 52, 55, 56/57, 60, 61, 62, 64/65, 70/71, 72, 75, 97, 98); R. M. Gill (92, 93); HB Verlag: Krewitt (3 r., 18, 20/21, 21, 34, 105), Wrba (U. M., 76/77, 82/83, 107); ©iStockphoto.com: Alysta (13 u.), andyross (100 u.), Jill Chen (100 M. l.), Joe Ciaramella (15 o.), gremlin (15 u.), EricHood (101 M. r.), Markanja (100 M. r.), VladimirSretenovic (100 o. l.), travelif (12 u.); Lagoa Srl: Giovanni Spatarro (101 o. l.); Laif: Galli (22/23); A. M. Mosler (3 l., 20, 29, 32); Neracruz: Andreas Gruber (14 o.); Toni & Terry Sàrcina: Monica Sàrcina (101 M. l.); Schapowalow: Atlantide (1); A. Sperber (38); T. Stankiewicz (16/17, 26, 51, 58, 66, 69, 78, 81, 91, 94/95, 102/103, 118/119); TERMEMILANO (14 u.); H. Wagner (54); E. Wrba (2 r., 4 l., 5, 84, 87, 89, 92/93, 104)

4. (9.), aktualisierte Auflage 2010
© MAIRDUMONT GmbH & Co. KG, Ostfildern
Chefredaktion: Michaela Lienemann (Konzept, Chefin vom Dienst), Marion Zorn (Konzept, Textchefin)
Autor: Henning Klüver; Bearbeitung: Florian Eder; Redaktion: Nikolai Michaelis
Programmbetreuung: Silwen Randebrock; Bildredaktion: Gabriele Forst
Szene/24h: wunder media, München
Kartografie Reiseatlas: © MAIRDUMONT, D-73751 Ostfildern
Innengestaltung: Zum goldenen Hirschen, Hamburg; Titel/S. 1–3: Factor Product, München
Sprachführer: in Zusammenarbeit mit Ernst Klett Sprachen GmbH, Stuttgart, Redaktion PONS Wörterbücher

> UNSER INSIDER
MARCO POLO Korrespondent Florian Eder im Interview

Florian Eder lebt seit 2005 in Mailand. Der Zeitungskorrespondent wollte eigentlich nach Rom. Und ist froh, dass es anders kam.

Wieso leben Sie in Mailand?

Ich bin Italienkorrespondent für eine überregionale Wirtschaftstageszeitung und schreibe auch für andere deutsche Printmedien. Für diese Arbeit bin ich hergezogen. Damals dachte ich, Rom wäre noch besser – was nicht stimmt.

Nein?

Rom ist wunderbar. Aber ich fühle mich immer wie im Museum. In Mailand lebt und arbeitet man: Das Tempo ist zügig, die Stadt ist jung und voller Zugezogener aus ganz Italien. Ich fühle mich sehr wohl hier.

Und was mögen Sie an Mailand nicht so?

Die Concierge in unserem Haus hat mir neulich einen ganz schwarzen, eben noch frischen Lappen gezeigt. Sie hatte das Tor abgewischt, das sie vor zwei Tagen erst geputzt hatte. Mailand ist oft grau, die Luft schmutzig; für die Verkehrspolitik kommt zuerst das Auto.

Wo und wie leben Sie genau?

Ich wohne am nördlichen Rand der Innenstadt in einem Bau aus den Drei-ßigerjahren, mit hohen Decken und einem Balkon zum grünen Innenhof. Zur Arbeit ins Zentrum laufe ich 20 Minuten. Mailand ist eine Stadt der kurzen Wege.

Sprechen Sie Italienisch?

Ohne Italienisch dringt man hier nicht tief in das Land ein. Nicht, weil die Italiener kein Englisch könnten, aber weil Umgangsformen und Höflichkeit einen großen Stellenwert haben. Dazu gehört für mich, die Sprache ordentlich zu sprechen. Gelernt habe ich Italienisch am Gymnasium, an der Universität und nach meiner Ankunft hier in Privatstunden für den letzten Schliff.

Kommen Sie viel in Mailand herum?

Das ist meine Stadt – beruflich wie privat. Am Wochenende fahre ich gern ans Meer oder an einen der schönen Seen.

Was tun Sie in Ihrer Freizeit?

Ich reise viel, ich gehe gern in die Scala – wenn ich Karten bekomme, was nicht ganz einfach ist –, ins Kino, mit oder zu Freunden essen, oder ich koche für sie.

Mögen Sie die Mailänder Küche?

Ich gehe gern auf den Wochenmarkt vor meiner Tür, weil Obst und Gemüse, aber auch Fisch hier frischer, günstiger und besser sind. Ein Lieblingsgericht ist der *Risotto milanese*, auch weil er aus so wenigen Zutaten besteht, dass man sie immer im Haus hat: Reis, Safran und Weißwein reichen im Grunde.